好书精读 Master 15'

商业新闻出版公司和轻松读文化事业有限公司提供内容支持

洞见

成为卓越领导人

轻松读大师项目部　编

INSIGHTS

To Be an Outstanding Leader

中国盲文出版社

图书在版编目（CIP）数据

洞见：成为卓越领导人：大字版 / 轻松读大师项目部编. —北京：中国盲文出版社，2017.3
ISBN 978-7-5002-7781-1

Ⅰ.①洞… Ⅱ.①轻… Ⅲ.①领导学—通俗读物 Ⅳ.①C933-49

中国版本图书馆 CIP 数据核字（2017）第 051645 号

本书由轻松读文化事业有限公司授权出版

洞见：成为卓越领导人

编　　者：轻松读大师项目部
出版发行：中国盲文出版社
社　　址：北京市西城区太平街甲 6 号
邮政编码：100050
印　　刷：北京新华印刷有限公司
经　　销：新华书店
开　　本：787×1092　1/16
字　　数：105 千字
印　　张：15.5
版　　次：2017 年 3 月第 1 版　2017 年 3 月第 1 次印刷
书　　号：ISBN 978-7-5002-7781-1/C·112
定　　价：49.00 元
销售服务热线：（010）83190297　83190289　83190292

出版前言

数字文明为我们求知问道、拓展格局带来空前便利，同时也使我们深受信息过剩、知识爆炸的困扰。面对海量信息，闭目塞听、望洋兴叹固非良策，不分主次、照单全收更无可能。时代快速变化，竞争不断升级，要想克服本领恐慌，防止无知而盲、少知而迷，需尽可能将主流社会的最新智力成果内化于心、外化于行，如此才能更好地顺应时代，提高成功概率。为使读者精准快速地把握分散在万千书卷中的新理念、新策略、新创意、新方法，我们组织编写了这套《好书精读丛书》。

这套书旨在帮助读者提高阅读质量和效率。我们依托海内外相关知识服务机构十多年的持续积累，博观约取，从经济管理、创业创新、投资理财、营销创意、人际沟通、名企分析等方面选取数百种与时俱进又经世致用的好书分类整合，凝练出版。它们或传播现代经管新知，或讲授实用营销技巧，或聚焦创新创业，或分析成功者要素组合，真知云集，灼见荟萃。期待这些凝聚着当代经济社会管理创新创意亮点的好书，能为提升您的学识见解和能力建设提供优质有效便捷的阅读资源。

聚焦对最新知识的深度加工和闪光点提炼是这套书的突出特点。每本书集中解读 4 种主题相关的代表性好书，以“要点整理”“5 分钟摘要”“主题看板”“关键词解读”“轻松读大师”等栏目精炼呈现各书核心观点，崇真尚实，化繁为简，您可利用各种碎片化时间在赏心悦目中取其精髓。常读常新，明辨笃行，您一定会悟得更深更透，做得更好更快。

好书不厌百回读，熟读深思子自知。作为精准知识服务的一次尝试，我们期待能帮您开启高效率的阅读。让我们一起成长和超越！

目 录

团队决策成功的关键在于创造环境，让员工能互相合作，获得杰出成果。好的决策一定能让员工发挥所长，激励他们创造出未来更加辉煌的成就。想创造培育伟大决策的环境，就必须让决策过程更加条理化、更加清楚透明。具体来说，培育伟大决策有10大步骤。一旦了解这10大培育步骤，就可以采用6项策略来帮助你克服作出决策与执行决策时的障碍，从而解决团队决策困难。

许多企业因为官僚主义的企业文化而欲振乏力，奄奄一息。官僚主义会为了追求和谐而牺牲真理，为了顺从而牺牲创意，宁可模仿而不愿创新。应该消除这种愚蠢的做法，打造追求高绩效的文化，让出类拔萃的员工得到大家的赞誉。具体而言，消除官僚主义的企业文化需要做 10 件事。企业必须建立绩效主义的文化，让勇于负责、绩效卓越的优秀员工出人头地。官僚主义心态衍生的应享权益文化也须被绩效至上的文化取而代之。

其实人人都有叛逆基因，但大多数人都随波逐流，逐渐遗忘本性。在未来，凡事只懂得墨守成规的人势必会被快速变迁的时代淘汰。如今，叛逆创业家成为商界英雄，这些勇于冒险、打破陈规的领导人就是我们追求成功乃至卓越表现的指引。能够坚持自己的想法、对抗传统观念的叛逆创业家有4项人格特质：愿景——领导力、热情——激励力、直觉——判断力、敏捷——行动力。

领导能力涵盖范围广泛，管理类别千头万绪，有数不清的理论来厘清管理精髓。绩优领导人与平庸领导人的差异在于是否拥有8项技能，它们结合起来可以大大提升领导人的能力，帮助领导人创造具体绩效。卓越领导人的8项技能包括：找到定位、看准变化、领导统治、识人之明、打造团队、设定目标、订出要务和回应舆论。

团队决策如何成功

10 步处理棘手议题

How Great Decisions Get Made

10 Easy Steps for Reaching Agreement
on Even the Toughest Issues

原著作者简介

唐·马鲁斯卡（Don Maruska），毕业于美国的哈佛大学和斯坦福大学，创办马鲁斯卡咨询顾问公司，专门协助客户处理棘手问题，找出解决之道。曾担任三家硅谷企业 CEO，E* Trade 前身公司的营销副总裁，《财富》五百强企业、政府机构及其他团体顾问，经验丰富。每周有超过 200 多家的报纸刊登其执笔的“事业成功”专栏。

本文编译：庄靖

主要内容

5分钟摘要

团队决策成功的关键

大多数决策都是在恐惧气氛下产生的，毕竟所有员工都不敢违抗老板的意思。这种恐惧使得好点子难以成形，也成为解决棘手问题的障碍。

恐惧的反面是期望。在有期望的环境里，小组团队才有可能睿智地分工合作，因为大家的焦点不再是“我们该怎么办”而是“我们该怎么做才能达到真正的目标”。期望也使得整个团队能够一起作出正确的决定，而不是只会揣摩主管的意思而已。

因此，培育伟大决策的关键就在于创造环境，让员工能相互合作，获得杰出成果。好的决策一定能让员工发挥所长，激励他们创造未来更辉煌的成就。想创造出培育伟大决策的环境，就必须让决策过程更条理化，更清楚透明。具体来说，培育伟大决策的10大步骤是经过《财富》500强企业和许多高成长公司逾10年实践经验而得出的结晶。

一旦了解这10大培育步骤，就可以采用6项策略帮助你克服作出决策与执行决策时的障碍。

关键思维

万一陷入漫无止境又毫无建设性的争论，不妨想象一下：如果团队成员的共同哲学是“我们可以一起解决问题”，那将会是怎样的景象？想想看，要是全体成员的结论是“即使现在找不出解决办法，以后也一定可以想出能让大家满意、行得通的方法”；想想看，如果你的同事或团队成员充满活力和弹性，愿意耐心地相互倾听、相互尊重，而且不只乐于接受新点子和机会，还士气高昂，那么你不想成为这种团队的一分子吗？团队当然可以一起解决难题，获得杰出成果。要是能运用文中介绍的 10 大步骤和 6 项策略，你的团队也可以办到！

——唐·马鲁斯卡

一　团队决策成功的10大步骤

1. 想作出好决策，就得兼容并蓄，争取团队成员协助

与其为了研究拟订重大决策而组成小团体，不如请团队所有成员参与决策。决策的过程会因各种各样的点子和灵感更显坚实，不会被削弱。

乍看之下，似乎越多人参与决策越削弱决策力，因为人多嘴杂，而且作决定拖得旷日持久。事实上，未必只有经理或顾问等高级主管才想得出解决方法，许多真正的突破都来自每天面对问题的一线员工。了解这一点之后，最好一开始就把所有的人都纳入决策过程，集思广益，从而创造出最周全的解决办法。

使这项步骤发挥效果的关键在于：

◎ 相信所有的利益关系人都乐于贡献一己

之力，协助找出解决办法，并且尊重每个人的意见。

◎ 作决策时，因为没有排除任何成员，所以大家会更愿意接纳团队一起想出来的解决办法。

◎ 如果有人无法参与会议，不妨主动请教。让无法出席的人了解事情发展的情况，记下这些人的意见。

◎ 因为兼容并蓄，相信所有人，所以能让大家建立良好关系。

把步骤1转化为行动的方法是：

◎ 召开解决重大问题的会议，邀请所有会受决策影响的人参与。

◎ 邀请每一个可能对这个问题提供实用信息的人参会。

◎ 邀请每一个可能对问题有更深入见解或不同观点的人参会。

◎ 会议进行时，让每个人都作出有意义的

贡献，让人人都有参与感。不论发言者是谁，你都要倾听每一项建议，注意发言内容。

关键思维

接纳包容是获得重大成果的第一步，这么做会引领我们继续执行其他步骤，让原本无交集的人互助合作。另外，百分之百公开信息共享，能把徒劳无功的争论减到最少，并且让大家贡献最好的点子。把有好点子且会受决策影响的人都纳为参与讨论的对象，不仅能促进信任，建立信心，还能防止一切可能破坏合作的勾心斗角。

——唐·马鲁斯卡

2. 列出大家的共同期望与渴望达成的目标

在讨论解决办法之前，先让所有人说出自己期望通过这样的努力达到哪种结果，为什么这种结果如此重要。这种做法能够找出合适的步调，让大家把重点放在找出解决办法，而不是保护自己的地盘上。

要在讨论中保持活力，不妨先请参与者说明解决办法对他们每个人的意义。由于大家能公开坦诚地说明自己的期待，就能清楚了解各方可能有什么样的冲突。这样做也释放出微妙的信号，让大家了解，如果要达到每一个人的目标，就必须抛弃己见、协调一致。

使这项步骤发挥效果的关键在于：

◎ 让与会者凝聚共同的希望，以突破任何先入为主的观念（不论这些观念是否正确）。

◎ 在讨论过程中着眼于大家对成功的期望，而非相互之间的分歧。只有大家的利益统一，才能建立团队合作的基础。

◎ 问问大家，为什么成功的解决办法对他们很重要？这样做往往可以找出原本不明确的解决方案。

◎ 把重点放在团队成员分享的结果和共同的期待上，谁来主导解决整个问题不是那么重要。各个团队若能互相了解，就能互相信任。

◎ 摆脱你的恐惧，寻找每一个问题的正面因素。如果大家一心一意地去找解决问题的办法，那么你们的难题就可能成为成功的媒介，而非障碍。

◎ 让大家为自己已经拥有的一切心怀感激，以期望取代恐惧，使之成为努力的基础。

把步骤 2 转化为行动的方法是：

◎ 请所有的参与者针对所要讨论的解决方法，写下他们的期望和抱负。

◎ 让共同点最少的人配对，互相讨论自己的期望和抱负，提醒他们，这是倾听、了解的机会，而非辩论。

◎ 找出团队成员共同的期望和抱负，通常这都围绕关系、资源、结果和报酬等一般性主题。

◎ 确定每一个人都支持整个团队的共同期望，而不只是他们自己小团体的共同期待。建立感同身受的氛围。

◎ 如果未来还有召开会议的必要，那么每一次新的讨论都以重申整个团队的共同期望开始。

◎ 不要事先决定讨论结果应该如何，要相信一定会有好的成果，然后按照讨论的方向前进。通常这样做的成果会远超你的预期。

◎ 写下大家讨论出来的共同期望和抱负，将其作为评估未来机会、追踪团队进度的标准。

3. 找出真正的问题，别被听起来不错的解决办法迷惑

在找出解决眼前问题的办法之前，先花点时间确定你是否了解真正的问题所在。最让人惊讶的是，许多人并不了解真正的问题在哪里，就急着要解决问题。

研究显示，一般团队约有50％的几率会找不到问题的症结。这会给团队造成极大的挫折。即使想出绝妙的解决办法，还是不能真正解决问题。将眼光放远，宁可一开始就多花点时间找出真正的问题，也不要仓促去想解决办法，等日后再来弥补错误。

使这项步骤发挥效果的关键在于：

◎ 想想大家所说的话背后有什么含义。找出大家的动机，找出前进的方向。

◎ 感知他人的感受，同时也注意倾听他们所说的内容。

◎ 复述他人所说的话，这不仅可以确认你的理解是否正确，也可以鼓励对方多表达，多阐明他们的见解。

◎ 尽可能以图表、图画、线图等方式说明想法和意见。这种做法可激发更进一步的讨论。

◎ 花时间仔细倾听，直到最重要的问题浮现出来。

把步骤 3 转化为行动的方法是：

◎ 在解决问题之前，一定要先花时间找出真正的问题所在。

◎ 请所有的参与者轮流表达他们的感受，

尽量说出心里的想法。

◎ 言谈之间避免用“我”表达判断，如“我注意到”，“由你的说法，我了解……”。

◎ 允许其他人表达想法，不急着争辩或作判断。

◎ 复述一遍他人的说法，但不添油加醋。

◎ 在团体讨论中，建议每一位发言者在表达前先简要讲述前一位发言者的重点，确认人人都在仔细倾听，而非仅准备自己要讲的内容而已。

◎ 在复述他人的想法之后，不时问问本人是否正确，让本人有机会修改或澄清自己的观点。

◎ 决策前必须揭示需改正的重要问题。

关键思维

做镜子而不要做海绵。许多不悦的感受及错误决策都是由于我们吸收了其他人自以为是的观点，而不先检视一番造成的。做镜子远比做海绵容易、有效，这样可以轻松找出需要立即关心的真正问题。

——唐·马鲁斯卡

4. 能看出各种可能的方案，而非自己中意的方案

在作决策时，摊在桌上的方案越多越好。因此必须先停下脚步，确认已经列出所有可能，因为这样的努力自有其价值。

实际上，不妨把所有的解决办法都列在纸上，贴在墙上，再把所有的想法按逻辑分门别类，作进一步的讨论。这样做不仅能激发讨论，也能让决策过程更实在。

使这项步骤发挥效果的关键在于：

◎ 在描述不同选择时永远保持心胸开阔，而不是主动推销你个人喜爱的想法。

◎ 以各种媒介激发源源不断的点子，如图表、角色扮演或实地考察等都能促进新的思考。

◎ 放宽视野，探究其他领域是否有可供移植的想法。

◎ 把每项挑战当成突破新局面的机会，探索先前从未尝试过的选择。如果大家知道自己不受前例限制，往往能有新创意。

把步骤 4 转化为行动的方法是：

◎ 用现有的各种媒介激发新点子，提出新选择。

◎ 请团队的每位成员轮流提出一个方案。

◎ 在这个阶段先避免辩论，而是尽量多收集各种想法。

◎ 轻松面对所有选择——用创意和直觉搭配逻辑思考。

◎ 如果合适的话，尽量增加各种可能的方案。

◎ 最后列出你觉得值得进一步调查分析的想法。把现状也列入其中，这样你才能知道现状和其他风险较高的方案相比处于什么位置。

关键思维

要找出一个好点子的方法，就是想出更多的点子。

——莱纳斯·鲍林，诺贝尔化学奖得主

寻觅新点子。拥有多种选择，你就能有更多的力量及富有创意的方式来面对问题。鼓励大家找出多种选择，得到最丰硕的成果。

——唐·马鲁斯卡

西方文化讲求迅速地找到解决办法。许多团队一开始的选择就太少，有些团队甚至在只有一个方案的情况下就作了决策。有所选择会给你力量，能让你摆脱传统思考的桎梏。

——唐·马鲁斯卡

5. 以成果导向作为审视各项方案的标准

不要急着收集各种方案的全部资料。你应先考虑希望达到什么样的成果，再从这个角度来检视所有的选择。大家可以分工合作收集资料，作出完善的决策，而非一再重复使用同样的资料。

整个团队共同的期望和抱负应该成为分析所有方案的架构，在这样的架构下，通常冲突的关系——比如财务部认为营销预算过高的想法就会被放到一旁，人人的焦点都集中在最优先的重点——针对眼前的问题找出有效的解决办法上，并且加以实行。

使这项步骤发挥效果的关键在于：

◎ 以共同的期望为镜片，收集所有方案的更多资料，并且过滤掉让人分心的信息。

◎ 让每个小团队表达其看法，但不要作任何结论，不要带有扭曲信息的偏见。

◎ 鼓励分享经验。在大家一起合作收集事实资料之际，就能对其他人如何看待问题有更进一步的了解。这种共同的了解可以带来更好、更可靠的决定。

把步骤 5 转化为行动的方法是：

◎ 不论到哪里去收集信息，都应该问：“我们究竟想要达到什么成果，为什么?”列出简单表格，了解每一个方案是否与你的期望和抱负匹配，并借此组织你的想法。

	期望A	期望B	期望C	期望D
方案1				
方案2				
方案3				
方案4				

◎ 避免造成参与者只关心自己所喜欢方案的情况。鼓励创意思考，把你们共同的期望当成指导原则，而不以参与者的背景作为考量。

◎ 把搜集信息当成一种学习体验，而非自我吹嘘的机会。让不同部门的人组成团队搜集资料，不要让所有的营销人员属于同一团队，所有的会计人员在另一团队。让人们走出他们的专业领域，汲取新鲜的想法。

◎ 尝试其他有类似期望的人已经找到的内

容，避免重蹈覆辙。

◎ 要专注，但适可而止。要搜集足够但不要过多的信息，以免造成混淆迷惑。保持你的兴趣。

6. 不论是正面还是负面资料，都一视同仁地对待

为避免发生争论，可以针对每一个选择，轮流让每个人提出一个正面和一个负面的看法。如此一来，人人都会把焦点放在该做什么上，而不会把时间和精力浪费在“为什么”、“原因何在”等无尽的讨论中。

争论会耗费企业极多的时间和精力。为避免争论，可以把搜集到的每一则信息都摊在桌面上，而不论其是否正面。既然一切都公开，没有隐藏的议程，就没有延长讨论的必要。事实摆在眼前，不辩自明。

使这项步骤发挥效果的关键在于：

◎ 请记住，人们对于自己所偏爱的方案都

很难接受负面的批评，对于自己不喜欢的方案，也很难接受其他人正面的意见。因此最好有一个要求大家遵守的现成架构，这是让全体团队一起参与合作的不二法门。

◎ 新的点子或想法一出现就开始构思新方案。真正能发挥效果的点子往往是几个点子融合的结果。

◎ 即使你从未试过这种做法，也不要犹豫去接纳。鼓励大家针对各种方案作出更公开的讨论可以大幅提升决策的效率。

把步骤 6 转化为行动的方法是：

◎ 在评估各种选择之前，先重申整个团队的共同期望，以此作为大家讨论的基础。

◎ 先评估现状，了解你衡量其他方案的标准。

◎ 针对目前正在讨论的方案，让每个成员轮流提出一个（而且仅此一个）负面观点，先谈负面观点，只有这样才能让大家更实际地评估潜在的正面效果。规定每个人只能提出一个负面意见。

◎ 接下来，让每名成员轮流提出一个正面意见。如果已经有人提出相同意见，可以跳过，不再重复。每个人也只能提出一个正面意见。

◎ 告诉每个人，他们只能聆听而不能质疑或争论。提醒每个人这样做的目的是学习，而非分出胜负。

◎ 依次进行讨论，轮流评估每一个方案，提出正反意见，但在讨论完所有的方案之前不作任何判断。保持平衡的讨论，鼓励公开陈述意见。

◎ 最后，请大家提出新的选择。通常这正是各种方案合而为一的时候，将几个不同点子最好的特色融合在一起。鼓励这种做法。

7. 让每个人表达自己对所有方案的初步印象

不要因为人们沉默就以为他们同意你的看

法，否则会造成严重的问题。要促成共识就应该开辟讨论的空间，让人人都可以坦诚地说出自己对所有可行方案的想法。

鼓励大家说出心中想法。除非推行新点子的人做好改变的准备，否则其他一切都不会发生太大改变。如果囿于形势，大家不便公开说出自己的心声，你就应该进行无记名投票，让大家选出自己认为最好的解决之道，看团队是否能达成共识。

使这项步骤发挥效果的关键在于：

◎ 以大家共同的期望为解决办法的基础。强调共同的期望，以免各自坚持己见。

◎ 记住，有些人可以很快作决定，有些人则需要长一点时间，你应该让这两种人都能从容选择。

◎ 写下所有的方案，澄清问题，让你的点子更具体。

◎ 选出一个最理想的方案，但同时也提供

几个额外选项。能够从几个可行方案中择一采用总比被迫接受某个决定要好。

◎ 举行几次无记名投票，切实了解其他成员的想法。

把步骤 7 转化为行动的方法是：

◎ 用书面形式确认所有可行的方案。明确整个团队的人都了解这些方案。

◎ 在大家表达他们的偏好方案之前，先重申全体成员的共同期望。先找出共同的立场和基础，再进一步讨论各项方案的优劣。

◎ 让团队成员有思考的时间。不要把每一分钟都用说话安排得满满的。留点安静思考的时间。

◎ 请团队中的每一个人写下自己最喜欢的方案。提醒他们在作决定时，要把重点放在整个团队的共同期望上。

◎ 把大家最喜欢的方案列为优先选项，接着再列出其他可行方案作为替补。

◎ 用无记名投票的方式确定你们的选择。

关键思维

让每个成员写下自己认为能满足团队期望的方案，仅这个简单的方法就能解决很多问题。首先，团队成员可以了解有哪些选择；其次，大家可以确认并没有忽视任何成员的意见；第三，大家更易于接受结果，对决定较不至于反悔。即使是小问题也该让每一个人写出他们的选择，这样能以尊重且有效率的方式让人人表达他们的喜好——而且坚持结果。

——唐·马鲁斯卡

8. 改进最具“卖相”的方案，让大家都支持

一旦你决定最有吸引力的方案，就应该检视其他替代方案中是否有可以移植融入的成分。尝试找出能融各种解决方案优点于一身的混合方

案，让大家都乐于支持。

你很容易因为急于找出解决方案而跳过这一步。如果能暂停下来做到这点，就可以得出更加全面的结果。你还能够综合多种选择之长提出解决方案，这可能比单一选项更有效。

使这项步骤发挥效果的关键在于：

◎ 过程要透明。把无记名投票的结果公开诚实地列出来，绘出图表，显示多少人投多少票给各个选项，这样做可以提升决策的公信力。

◎ 公开说明投票的结果，这样其他坚持己见的人也可以重新思考较受大家偏爱的方案。这种做法有微妙的压力，要避免有人独占讨论。

◎ 确定你也提出其他可行的替代方案。强化替代方案的长处，并将其融入选定的方案之中。

◎ 主动探究你所专注的解决方案有没有修订改进的空间。

把步骤 8 转化为行动的方法是：

◎ 把无记名投票的结果做成表格，让人人都了解大家最喜欢哪个方案，最支持哪些替代方案。

◎ 如果没有很明显的第一选择，就挑出大家所选出的第一替代方案，把它暂时列为第一选择。

◎ 仔细检视所有可行的替代方案，这些方案有哪些特点可以融入第一选择中？

◎ 找出最完善的替代方案，假设第一方案不可行时，把替代方案修改到人人都会接受的地步。

◎ 确定团队中每一位成员都愿意支持第一选择或替代方案。你得反复这样做，直到众人齐心。

关键思维

许多人用恐惧来管理团队，以己意为民意，但你却可以追求期望，追求更积极有利的结果。

我把用这种方法追求杰出成果的人称为“期望代理人”，他们把积极的精神而不是个人狭隘的思想，灌注在自己和团队身上，并以此引导自己的工作和人生。他们并非一厢情愿、自以为是，而是真正了解团队最深切的期待并且努力实现之。这10大步骤和6个策略能够协助你成为“期望代理人”。

——唐·马鲁斯卡

9. 执行前备好替代方案及评估标准

在开始执行之前，先停下来准备一个替代方案，万一第一方案碰到意料之外的问题，替代方案就能派上用场。此外，最好在一开始就制订评估成功与否的标准。

在解决困难问题的过程中往往需要作些修补改正，你应当一开始就做好这方面的准备。在确定第一方案的同时，也拟订替代方案。如此一来，万一情况有变，大家就可以立刻采用替代方案，而无须重新决策。

同样，你也要一开始就确定应该如何评估成果。确定每名成员都了解用来衡量进度的标准，这个简单的步骤能发挥极大的功效，避免今后可能发生的问题。

使这项步骤发挥效果的关键在于：

◎ 通过拟订可行替代方案，可以避免“我们对抗他们”的对立心态，同时获选方案的支持者也不会有高人一等的心态。

◎ 永远记住，决策是学习的过程，要准备随时应用你所学到的东西。

◎ 不断提醒大家，作决策的目标是要获得实质效果，而非逃避改变。

把步骤 9 转化为行动的方法是：

◎ 准备改变方向。检视你的优先指标，了解是否因为情况改变以至于其他方案重新脱颖而出。

◎ 鼓励大家公开质疑已经作好的决策。强调每一个人都应该经常检视决策的结果，并且对如何继续前进达成共识。应把重点放在如何修正改进，而非陷入“我早就告诉过你”这种自以为是的想法中。

◎ 不断提出下面这个问题：“我们从所做的选择中学到什么？其他的替代方案现在看来是否更有吸引力？”

◎ 在第一选择方案进行到一半左右时进行正式的检视，仔细检视进度，如有需要，重新调整策略。

◎ 欢迎各种改变。把改变视为应对市场情况不断变化的象征，而非原始决策的错误后果。

关键思维

好的决策能让人尽情发挥所长，激励大家一起取得更好的成果。好的决策也会激发所有团队成员去付出热情、精力与资源。更重要的是，好的决策能以应对变化的弹性方案解决困难的问题。一般的决策过程只会让人们互相对立，其实不必如此。若大家能学习如何一起作出好的决策，那么团队成员就能建立良好的关系。

——唐·马鲁斯卡

10. 随时庆祝小小的成功，保持团队士气和团结

在执行决策的过程中随时找出庆祝的良机，以加强团队继续向前解决困难的决心。如果获得难忘的报酬，大家都会保持热情和力量，在未来继续学习。

大部分企业的奖励制度都只强调个人的成就，而非团队的成功，这往往导致努力工作者之间的冲突。比较好的做法是找出表彰成功团队的方法。奖励的报酬未必需要花太多时间或高昂代价。表扬团队的成果，就能为未来的杰出表现奠定基础。

使这项步骤发挥效果的关键在于：

◎ 为团队期望而团结一致的人提供额外的奖励，这是另一种不同的心态，大家因为互助合作获得表彰，而非互相竞争。

◎ 和他人分享你所知的成功故事。找机会告诉大家你们已经有什么样的进展，以各种方式把好消息传达出去。

◎ 到达关键的里程碑时，举办全公司的庆祝会。这样做能提升士气。庆祝会只要有趣即可，不必昂贵。

把步骤 10 转化为行动的方法是：

◎ 花点时间确定团队最后的决定是否符合大家共同的期望。做法可能很简单，比如在决策过程结束时，请团队成员表达他们的感受。

◎ 把活动和结果密切结合在一起，每当组织庆祝某个成就时，就重申大家共同的期望和价值。随时告知大家你们的进展。

◎ 把重点放在“我们”达成了什么成就，而不要让团队成员过分看中“我”有什么表现。所有的成就都强调团队合作的价值。

◎ 拟订正式检视的程序，在评估完进展之

后举行庆祝会，做一些有趣难忘的事。

关键思维

在所有可以成就更美好世界的力量之中，没有什么比希望更重要，更有力量。

——查尔斯·索耶

霍华德休斯医学院博士

恐惧是最能剥夺心智行动和推理力量的情绪。

——埃德蒙·伯克，英国政治家

在现实中，有效的决策是学习的过程，更是成长的循环。就像电脑软件处理信息，得出结论一样，团队的决策也是人们一起处理信息，得出结论的过程。

——唐·马鲁斯卡

二　解决团队决策困难的6项策略

1. 如果时间紧迫，不妨采用“一小时找答案动脑会”

其实只需要一个小时就可以完成决策的10大步骤。这虽然不是理想情况，但难免会遇到到紧急时刻。你必须善用这段时间。

在紧急的情况下，准备一个小时的时间，专注在你想要完成的事物以及可以选择的选项上。

如果你没有任何基础，请把前30分钟用来做下列这些事：

五分钟：第一步——吸引每一个人的注意。

五分钟：第二步——提出团队共同的期望。

五分钟：第三步——找出手头真正最急迫的问题。

十五分钟：第四步——列出可行的方案。

在紧急情况下，这通常已经足以让团队掌握正确的方向。接下来大家可以分头收集所有相关的资料。

然后你再召开后半段的会议，可以按照下列方式分配剩下的30分钟：

五分钟：第六步——公开所有的方案。

十分钟：第七步——审视所有的方案，并且投票。

五分钟：第八步——列出第一方案和替代方案。

五分钟：第九步——分派任务，设定时限。

五分钟：第十步——激发大家的热情。

不要让行动的压力阻止你作出好决定。世上很少有连一小时都不能耽误的事情，你可以用这一小时仔细地思考各项选择，然后作出明智的决策。

关键思维

你一定有时间做真正应该做的事，关键就在于要找出这件事究竟是什么。10 大步骤的过程就是正确的工具。

——唐·马鲁斯卡

2. 自己没有决策权时，不妨尝试 3 种说服技巧

即使你并未掌权，同样可以把 10 大步骤运用在企业上。遇到真正困难的问题时，没有人能够全盘掌握，这时你就可以挺身而出，说服同事以系统的而非姑息现状的方式来面对问题。

实际上，即使你并无管理责任，同样可以运用 3 种说服技巧，督促团队走向正确的方向。

（1）请同事尝试不同的方法——建议同事与其把焦点放在眼前的问题，不如采取或许更加实用的做法：即找出隐藏的问题，让每个人讨论应该采取哪个方案，并继续努力。这也就是更加巧妙圆通地运用第三步骤，你可以按部就班地引导同事遵循决策过程的每一个步骤，方法就是在每个步骤的结尾提出可以顺利导入下一个步骤的建议，如此就可以自然地引导团队完成决策的过程。

（2）提出两种以上的方案，不过这些方案都属于决策过程的一部分，然后请主管作决定——也就是说，不论他们作出什么样的选择，都会不知不觉地经历整个决策过程。

（3）作一些改变，以摆脱无益的行为模式——比如换个地方开会，或是用创意游戏来缓解紧张。改变日常模式的细节往往能使人有不同于以往的作为，让人更容易接受全新的事物，比如决策过程的10大步骤。

3. 如果没有人愿意扮演决策推手，不妨自己带头做

如果企业内没有人有推动决策的技巧，不妨由你主动地培养必要的技巧。如此一来，你就能协助同事采用决策的 10 大步骤获得更好的成果。

外科医生学习新手术时，方法非常简单：即“先看、再做、再教。”也就是说，他们得先观察新的手术程序，然后仔细地执行，最后把这个程序再传授给其他医生。推动决策也必须采取相同的方法，应该先观察 10 大步骤进行的情况，在他人指导下亲自执行，最后再教导其他人运用这些步骤。

要培养推动决策过程的心态，不妨参考下列做法：

◎ 在工作场合中鼓励积极的沟通，大家互相尊重、细心聆听，而不是只顾抢发言权。

◎ 写下 10 大步骤，向整个团队说明做法，让大家了解你想要引导他们走向何处。

◎ 鼓励大家讨论共同的期望，把重点放在共同的立场，不要执著于较有争议或可能导致意见和分歧的问题。

◎ 强调信息的交换，而非观点的争论。

◎ 要求大家反馈意见，以确定你们讨论的是真正的问题，而非细枝末节。

◎ 协助大家找出共同的解决办法。鼓励大家提出意见，但不能涉及人身攻击。

◎ 争取大家的支持，把解决的办法转变为实际的结果。

◎ 任何讨论不能议而不决。每一次讨论都要有切实可行的结论。请大家表达下一步该怎么做的意见，然后再结束讨论。

关键思维

如果企业中没有任何人有推动决策的必要技巧，而你又不打算外聘专业人才来做领导人，那么就应该自己尝试培养必要的技巧，这样你才能充满信心地引领团队采取10大步骤，以鼓励团队获得进步。这种做法未必完美，但总比让希望破灭来得好。

——唐·马鲁斯卡

4. 如果团队太大，就分成几个小型工作团队

大团队往往有较多的人才和力量，但也有行动迟缓的弱点。最好的办法就是把大团队分成小团队，让他们齐头并进，一起采取10大步骤决策过程。最好能有明确的步骤来推动这一过程。

要让大团队作出有效率的决定，不妨采用下列方法：

（1）先召开全体会议，针对眼前亟待解决的问题创造归属感和参与感，会中你应该按部就班：

◎ 步骤1——请每一个人协助，作出好决策。

◎ 步骤2——找出共同的期望和抱负。

◎ 步骤3——找出眼前的问题。

◎ 步骤4——找出可能的选择。

（2）在第一次会议结束后，针对每一种可能来划分工作小组，小组成员接下来要做的是：

◎ 步骤5——收集关于这个决策的所有可能信息。

◎ 步骤 6——不论正、负面，把所有收集到的信息都列入表内。

（3）接着再召集整个大团队，听取每个小组的报告。在这个阶段，随时都可以加进新的选择或替代方案。

（4）然后各工作小组分头进行：

◎ 步骤 7——让所有成员表达他们的意见。

◎ 步骤 8——改进最有潜力的方案。

◎ 步骤 9——准备替代方案，制订评估标准。

（5）接着重新召集整个大团队，一有进展就检视所达成的决策。

◎ 步骤 10——庆祝决策获得的初步成果。

关键思维

即使是最存在分歧的团队，遵循这个过程的话也能达成清楚的结论。为什么？因为每个人都参与其中。即使并非每个步骤都参与，大家也能了解整个事件进行的过程，以及各小组完成责任的努力情况。

——唐·马鲁斯卡

5. 无法把大家聚在一起作决策时，就用电子邮件来完成

有时候团队成员分散在许多国家，各属不同的时区、不同的文化。这时可以运用电子邮件进行10大步骤，同样可以解决困难的问题。参与的人数越多、讨论得越清楚越好。

在这种情况下，可以运用下列重要方法：

◎ 在情况允许时亲自参与会议。

◎ 视频会议。

◎ 多方电话会议。

◎ 电子邮件。

◎ 网络会议工具或聊天室。

为了建立良好的基础，如果可能，你要尽量请大家亲自参加步骤1～4的过程。如果不可能，至少应该采用视频或电话会议，以便双向沟通。

第5（收集资料）和第7（作出选择）个步

骤可以用电子邮件进行，或者把信息发布在大家都可以浏览的网站上。

其他步骤——第 6（表达正负面的意见）、第 9（准备替代方案，拟订衡量标准）和第 10（庆祝成功）个步骤全都需要依靠视频或电话会议，因为这些都需要进行即时讨论。

关键思维

利用电脑网络空间组成团队可以挖掘到最佳的人才，这当然也需要特别注意才能成功地利用人才，以解决困难的问题。清楚的流程和经过深思熟虑的选择工具能引导你走过这片雷区，并达到目标。

——唐·马鲁斯卡

6. 遇到障碍时，应消除过去的分歧并建立信任

不要总以为人会坚持己见，因此不能作出好

的决策。你应该保持乐观，追求人性的光明面，建立信任，并且充满信心地继续努力。

执行10大步骤的过程其实是消除企业内部长久分歧的绝佳机会。原因在于这个过程本身摒弃了个人的偏见，让决策过程更加清楚透明，消除了误解，同时让未来的计划更明白，而在过去你可能并未如此详尽地说明过。

从本质上说，大部分企业的障碍都在于信任问题——企业内各个派系怀疑其他派系的真实意图。如果你的企业气氛不那么协调，可能得多花一点时间在步骤1（争取每一位成员的协助）和步骤2（找出共同的期望和抱负）上。如果能清楚地辨别人家用来互相攻击的动机，就可以鼓励他们放下成见，作出让整个企业都获益的好决策。

一起作出好决策并亲眼看到决策的结果付诸实践，是一种让人欣喜兴奋的体验，这可以引发大家的干劲和热情，对整个企业都有益。整个团队可以探索并从经验中发掘许多新的可能，而这些可能是只有互助合作而非互相攻击才能实现的。这也使整个企业充满青春活力，你应该寻找充满创意且有趣的方法，以改变企业内部生态，激励大家继续努力。作出好决策，并且主动地参与决策过程，这是获得这种效果的不二法门。

专家解读

一小时形成重大决策的第一课

文/张祥佑

《团队决策如何成功》一书笔者读来兴趣盎然。基本上，书中第一部分“团队决策成功的10大步骤”在于协助读者按部就班地完成“决策”，作者希望读者通过这样的训练，能有效地制订决策。虽然十分实用，但是对于上过企业管理基础课程的朋友，可能就会觉得了无新意。笔者认为，本书比较精彩与贴心的内容是在第二部分“解决团队决策困难的6项策略”，不过在实际执行层面却可能遭遇不少难题。还有一件笔者想提醒读者的事是，作者并未对重大决策的内涵给予清楚的定义——何谓重大决策？由谁来定义？有哪些类型？因此，如果依照作者提供的工具按部就班地执行，可能会发生跨出第一步时就是“错误第一步”的荒谬情形。

不过，笔者并不准备探讨这个部分，倒是对作者提出阻碍进行重大决策程序的问题，以及“解决团队决策困难的6项策略”两个部分，提出下列不同的见解：

问题1：时间不够（一小时完成10大步骤是天方夜谭，但是多久才够）

作者策略——将10个决策步骤在一小时内完成。

笔者反思——依照作者建议的时间分配方式，要在一小时之内完成所有步骤简直是天方夜谭，即便找到十分优秀的团队领导，可能性也微乎其微。但是，到底要多长时间才够？执行这项策略的大前提在于，与会人员十分熟悉重大决策的各项步骤，并且彼此默契合作，否则不但不能以这种策略开发行动方案，更不能达成预期效果。不过平心而论，笔者认为，如果把一小时延长为10小时，就能提高成功的机会。同时，如果能花点功夫为作者提出建议与步骤，找到一些行动工具并时常演练，当时间紧迫时，才有加速完成决策的可能。

问题2：不是掌权者（主管作了决定并不代表参与了决策过程）

作者策略——建议同事提议让老板作出决定以及改变。

笔者反思——作者针对“非企业经营者”或“非最终决策者”面临无法进行重大决策问题时的建议，令笔者感到无所适从。特别是作者一开始提出，“伟大决策的关键就在于创造环境，让员工能相互合作，获得杰出成果。”同时又建议，当自己并非决策者时，要提出两种以上的方案，不过这些方案都属于决策过程的一部分，然后请主管作决定——也就是说，不论他们做出什么样的选择，都会不知不觉地经历整个决策过程。意思似乎是，只要老板从选项中择一，即参与了所有决策过程。这样的论述似乎前后并不一致。

实际上，笔者认为决策者本身往往才是受决

策影响最大的人。如果决策者不参与决策过程，不用自己的耳朵、眼睛亲身感受决策过程，如何能接受或理解决策的成败？笔者从多年的职业生涯中得到的感悟是：

◎ 上策：如果不是掌权者，就要想办法变成掌权者。

◎ 中策：如果在短时间内不能成为掌权者，就要了解掌权者的思维，用掌权者的身份进行思考（未必是跟随，而是理解），用他的语言展开沟通，以取得充分授权。

◎ 下策：依照作者的建议执行，但不要天真地认为，掌权者以这种方式参与决策就够了，还要把过程记录下来，让掌权者理解。（不过，你可能得小心，他未必感谢你提出这么好的建议，为公司赚了多少钱或省了多少钱；还可能怪你——这么简单的事由我作决定就行了，干嘛要这么大费周章地浪费公司这么多资源！）

问题3：没人推动（是否从自己开始）

作者策略——自觉地培养必要技巧，再协助同事使用。

笔者反思——阅读这项策略时，要特别注意作者提出的外科医生学习新手术的3个阶段：“先看、再做、然后教”。原因是在大部分企业中，很少有人具有推动决策的“必要技巧”，所以“先看”这个阶段就可以省略了。那么应该如何解决这个问题？笔者的建议是，参考问题2的上、中、下策。

问题4：团队过大（分工合作、多线并行是否真能解决人多嘴杂的问题）

作者策略——切割成小团队齐头并进。

笔者反思——在作者的建议中，10大步骤的分工步骤如下：

（1）召开第一次全体会议——寻求帮助并找出共同期望、问题和可能方案。

（2）分组进行——针对各种方案，列出正、负两方面的信息。

（3）召开第二次全体会议——听取小组报告，随时可加入新的方案。（特别注意，还可以加入新的选择方案！）

（4）分组进行——组员各自表达意见、改良最具潜力的方案、提出替代方案、制订选择标准。

（5）召开第三次全体会议——检视决策，如果有进展就召开庆祝会。

但是在没有任何进展时应该怎么办？何时应该停止接受新方案？这些都是需要思考的问题。笔者认为，这项策略是作者的一个完美假设，却忽视了诸多执行的细节。毕竟一个企业本来就有组织分工，各个部门原本就有各自功能，不同职位的人也有不同的职能。如果真是一项重大决策，根本就不应该由大团队来参与各项决策步骤。

事实上，笔者并不反对企业所有相关人员（不论职位高低）共同参与制订决策，而是大家必须清楚目标为何。如果希望更有效率地进行团队决策，那么组成项目小组即可。如果希望企业所有成员都有参与感，在项目小组在搜集信息、公关人员在执行内部公关时，就必须把大家的意见列为参考，以找出解决方案，而不是把所有事混为一谈，或是把所有人找来共同参与决策，以为这样就代表有归属感、参与感。重大决策的重点应该在于用有效率的方法找出有效用的策略。

问题5：无法把大家聚在一起作决策时，就用电子邮件

作者策略——如果企业庞大，跨国、跨区的话就用电子邮件进行决策。

笔者反思——对于这项建议，在网络十分发达、沟通工具日新月异、沟通成本几近于零的今天，笔者实在不该提出太多反对的声音。但是笔者十分担心会有读者望文生义，好像为自己无法或跨不出的领导和沟通方式找到一个救赎的借口，从而白白辜负了作者的用心。特别要苦口婆

心地指出的是，作者其实是要求大家尽量“在情况允许时亲自参与会议”。

笔者曾遇到一个运用电子邮件沟通的值得所有人借鉴经验的有趣案例：

我曾遇到一位相当热心、坦率的出版社朋友。有一次我希望能使用朋友任职的出版社出版的书，但是条件、使用内容都还没有详谈，所以这位出版社的朋友针对在合作中可能遇到的问题写了封电子邮件，希望能获得回答。承办的同事阅读这封电子邮件后，十分紧张地跑来问我对方是不是生气了。当时，我看到出版社的朋友把每个问题的文字都加大、加粗，还在回复日期上加上红字，让人感觉非常像带有愤怒（红字）、大吼（加大、加粗）的指责“视觉系文字”。

正当大家苦想是否有处理不当之处时，当初介绍的同事把二人平时的电子邮件拿出来看时，我才知道这位“古道热肠”的朋友只是善意的提醒，其实一点情绪都没有。这时，要是不去调查，而是直接回复一封态度也不好的电子邮件的话，最后沟通就可能朝负面的方向发展了。

所以，既然是重大决策，就应该依照作者的建议，尽量亲自参与、面对面地沟通。电子邮件是用来发表没有情绪的通告内容，以及夸奖和激励的，千万不要把它当作管理、领导、统治的主要工具，最多只是辅助工具即可。毕竟人们无法从电子邮件中感受到领导的气质，当然也不适合用来作为进行重大决策的沟通工具。

问题 6：对人性悲观

作者策略——保持乐观并建立信任。

笔者反思——笔者并不想针对第 6 项策略进行任何讨论，正如作者所言："一起作出好决策并亲眼看到决策的结果付诸实践，是一种让人欣喜兴奋的体验……整个团队可以探索并从经验中发掘许多新的可能，而这些可能是只有互助合作而非互相攻击才能实现的……"

急功近利和资源不足仍是制订重大决策的

杀手。

除上述6个问题外，笔者认为在执行作者建议的“团队决策成功的10大步骤”时，会遭遇的最大难题在于，CEO可能由于董事会的压力或个人利欲熏心而急功近利。但是如果CEO能对人才、顾客及业务有所“偏执”，再加上务实的“近利”，那么开创的新事业或企业就更容易生存。

严肃而有条不紊地面对重大决策，这是富有远见的CEO应当作的事。

作者简介

张祥佑，曾任职于联广公司网络营销组，担任亚洲数码智库总经理、康迅数码整合公司副总经理，现任职三峡黄景桢风筝博物馆筹备处，与许致文合著《数码广告人》。

好人不等于好领导人

If You Don't Make Waves, You'll Drown

10 Hard Charging Strategies for Leading in Politically Correct Times

原著作者简介

戴夫·安德森(Dave Anderson)，“戴夫安德森领导学校”的创办人兼总裁，该学校是销售与管理培训机构。安德森是美国演说家协会的会员，每年会在全球11个国家受邀发表约150场主题演讲，以及主持各类研讨会。他也是商业专栏作家，曾担任数家美国汽车零售企业的高级经理人。其著作包括《出类拔萃销售术》、《领导不是开玩笑的》以及《提升你的企业》。

本文编译：徐锋志

主要内容

关键词解读

绩效主义

“绩效主义”是社会学功能论者的主张。功能论者认为，才能是稀有的，让才能较高的人有足够空间表现出较高成就，这就是整个社会的最大成就。这样的观念应用在企业界，其做法就是让员工依靠个人能力和努力，尤其是文凭、技术和生产力来分配职位和奖酬，而不去考虑种族、性别和出身等因素，因此被认为有强化“工作态度”的功能。然而，绩效主义也常常会造成企业内个人主义盛行，从而妨碍团队运作，甚至造成为了追求绩效而不择手段的弊端。台湾地区在实施劳退新制后，“低底薪，高奖金”的薪资制度逐渐普及，过去“资历决定职位，职位决定薪水”的资历主义也日渐被绩效主义所取代。

号称拥有近“2100 位博士”的韩国三星集

团从20世纪90年代起，每年新聘用100位以上博士级人才，并且完全执行绩效主义。即使员工的职位较低，只要能拿出“杀手级”的研究成果，其年收入甚至可以超过社长（总经理）。这样以高学历为准的绩效主义政策使得三星的技术水平在短时间内就提升到令日本企业汗颜的程度。索尼公司从2004年起，对日本国内12000名员工全面实施绩效主义的叙薪制度，废除了过去“扶养家属”、“住房补助”、“加班”等津贴，把员工表现分成3个等级，等级会根据员工每年达成设定目标的情况进行调整，并以此决定员工的基本薪资。在原有制度下，员工即使进入公司10年，薪水也不会有太大差距。在新制度下，员工在入职后的数年间，就可能领到最高等级的薪酬，但只要表现变差，薪酬也相应地快速减少。

平权措施

“平权措施”是在1964年通过“民权法”之后，由美国联邦政府进行的落实计划，目的在于避免种族、性别、宗教、残障和年龄等方面的歧视。计划的设计是在工作聘雇、入学许可、政府采购和其他社会福利等方面给予妇女和少数族群优先待遇。美国政府采用这项政策的最重要意义在于保持社会的多元化。这项政策在近年引发相当大的争议，反对人士认为，这样的保护已经发展过度，甚至形成“反‘反歧视’”的意识形态。此外，保护过度的“奶妈国家”文化会造成被保护对象产生过度依赖，反而削减他们的竞争能力。

1997年，3名申请密歇根大学法学院的白人学生因为被拒绝入学而控告学校。3人认为，该校为少数族裔自动加分20％的规定是种族歧视的行为。美国最高法院在2003年6月作出判决，裁定废除密歇根大学的特殊计分制度，因为该制度使种族成为重要的决定性因素。但判决同时裁定，美国的大学（甚至企业和军队）可以使用种族作为筛选录取人选的标准之一。最高法院认为，保障“处于劣势的少数族群”是基于国家利益，再次强调了多元化的重要性。

5分钟摘要

消除官僚主义的企业文化

许多企业因为官僚主义的企业文化而欲振乏力，奄奄一息。这一切都起因于官僚主义会为了追求和谐而牺牲真理，为了顺从而牺牲创意，宁可模仿而不愿创新。官僚主义拖累了优秀员工的表现，只为了不让差劲员工有备受冷落的感觉，结果企业就只得沦为二流企业。此刻，我们应该消除这种愚蠢的做法，打造追求高绩效的文化，让出类拔萃的员工得到大家的赞誉，而不是遭到打压。

实际上要消除官僚主义的企业文化，必须做到以下 10 件事：

如何消除官僚主义的企业文化

1. 不要想讨好每一个人
2. 舍弃应享权益的心态——建立活跃企业的绩效主义文化
3. 不要被账面数字蒙蔽
4. 据实相告——该责备时不考虑会不会得罪人
5. 勇于挑战传统观念
6. 别管多元化——绩效至上
7. 不只要赢——还要主宰市场
8. 员工出格时当面说清楚
9. 不是要让员工快乐——要让员工更优秀
10. 根据企业价值观投资

企业界已经为官僚主义的企业文化付出代价，现在应该重新回归一心追求高生产力和高绩效了，即便这会让部分表现不佳的员工有备受冷落的感觉。企业必须建立绩效主义的文化，让勇于负责、绩效卓越的优秀员工出人头地。官僚主义心态衍生的应享权益文化也须被绩效至上的文化取而代之。

一　不要想讨好每一个人

不要当“软脚虾”。要站在最前线带领员工，不要想靠民意调查来探测风向。要求员工为实际执行成效负责，而不能只是一心努力。

所谓的“软脚虾”就是懦弱、胆怯或无能的人。当然，没有人希望当个“软脚虾”，但是在如今讲究官僚主义的商业环境下，许多企业领导人还是会怕得罪人，所以在言行上还是会有所保留。

在历史上，最伟大的领导人向来都是直言不讳的。更清楚地说，如果你仔细地研究这些曾经扭转乾坤的领导人，就会发现他们都具有下列几项共同特质：

◎ 讲求勤奋和实效，对怠惰特别排斥。

◎ 会爽快地开除无法配合领导人决策的

成员。

◎ 公开地大力奖励表现突出的成员。

◎ 会独自承担成败责任。

上述几项特点没有一项是“软脚虾”做得到的。历史总是歌颂有胆识的领导人，这样的领导人会设定大胆的目标，他们为达目标赴汤蹈火也在所不惜。而那些官僚主义的领导人则凡事都不愿意冒险，更不用说还想有机会可以青史留名了。

没有官僚主义的领导人不会想讨好每个人，而是只想把事情做好。如果你也不想当个官僚主义的领导人，就必须采取下列几种做法：

（1）爱憎分明——大力支持表现最优秀的员工。即使必须从那些懒惰、懈怠和平庸的员工那里挪走资源，也要让最优秀的员工享有最充足的支援去争取成功。运用各种手段让员工都能发挥各自潜能并表现出最好的绩效，并且一定要让他们非常清楚自己在你心目中的评价。

（2）勇于冒险——不要老想着模仿别人的“最佳实务范例”，反而应该发挥创造力，创造优势并且加以充分利用。要鼓励创新，抛开产业的教条，去做令人印象深刻的新鲜事。

（3）要员工对自己的成绩负责——而且必须以身作则。要设定明确而清楚的目标，并且明白地告诉员工你对工作的要求、考核绩效的时间和评估绩效的方式。然后，你必须大方地奖励完成任务的员工。在考核员工实际绩效的时候要尊重每一位员工，但是考核的结果必须是客观公正的。你对员工的评价不仅要让表现欠佳的员工知晓，同时也要让表现卓越的员工清楚。

（4）让每位员工都了解自己评价的优劣——这样员工才不必揣摩上意。要让员工清楚自己受到的评价，最好的做法有下列几项：

◎ 尽快让员工知道你对他们的评价。

◎ 定期考核员工的绩效，而且不要每年只考核一次。

◎ 公正无私并且直言不讳。

◎ 随时让员工了解你的想法。

◎ 交付任务时要具体明确。

◎ 尽可能和员工面对面地表明你对他们的评价。

◎ 要记住，让员工面对挫折会比面对焦虑来得容易。

关键思维

顺服是禁锢自由的枷锁，也是追求成长的敌人。

——约翰·肯尼迪，美国第35任总统

如果有人无法和伙伴并肩齐步，也许是因为他听到了不同的鼓号。就让这个人顺着自己听到的节奏走，不管这节奏有多微弱、有多遥远。

——亨利·戴维·梭罗

美国作家兼哲学家

二　舍弃应享权益的心态

“应享权益”是官僚主义思想的产物，要舍弃这样的观念。你应该建立绩效主义的文化，也就是做多少事就领多少钱。绩效主义是优胜劣汰、充分发挥企业力量的不二法门。如果不这样做，连最优秀的人才最终都会离你而去。

你如果继续放任绩效不佳的员工，让他们留下来，其实是在浪费企业的资源。你的最优秀员工会先把一切看在眼里，接着会失去奋斗的动力，最后就会另谋高就，跳槽到会重视自己并且要求员工有杰出表现的地方。压抑杰出人才是无法让庸人脱胎换骨的。

奇怪的是，企业通常是不会对员工采取齐头并进式的平等做法的。这种观念是长期蔓延开来的，最后会达到难以收拾的地步。由于未能防微杜渐，经过日积月累，大家会对这种情况逐渐地感到麻木，结果只能让问题像滚雪球般越来越大。最后为了矫正缺失，还必须依靠大量的金钱和人力资源，这样才有可能重回正轨。

要避免上述情况，就必须建立绩效主义的文化——也就是塑造讲求绩效的环境，员工的报酬是按自己的绩效表现争取来的，而不是他们认为的应享权利。要建立绩效主义的文化，有下列几项做法：

（1）设定高绩效门槛——以确定每位员工都清楚自己的绩效目标。但是一定要做到公平公正，让每位员工都能获得自己应得的报酬，也让他们为自己的行为负责。

（2）把自己当成“恒温器”而不是“温度计”——也就是要主动影响企业环境，而不只是被动地适应整体状况。积极塑造适当的企业文化，而不只是在既有的情况下进行管理。

（3）向员工公开地说明绩效制度——而且要

特别强调，表现杰出就会得到奖励和表彰。让员工了解，表现卓越是企业对员工的期待。

（4）果断地开除只顾自己应享权益的员工——即使这批员工被认为是对企业忠心耿耿的，也不要手软。你有责任给员工提供一展才能的机会，除此之外，你并没有什么亏欠员工。把企业的“寄生虫”扫地出门，尽力培养更多杰出的员工。要设定高绩效标准，以激励员工发挥自己的最大潜能。

（5）让一流员工拥有高薪——并且清楚地展示，只要有人有同样的杰出表现，同样可以获得高薪。把资源和机会分配给绩效最好的员工，而不是让所有人都平均共享资源。在提拔对象时，要挑选最适合该职务的人选，而不是只看谁最资深。

（6）年度分红或加薪不可以人人有奖——只有表现超出平均绩效的员工才能领到这些奖励。包括年终奖金和年度调薪在内的企业所有奖励制度都要按绩效发放，而不是按资历计算。企业还必须建立绩效评估指标，让员工事先知道自己表现的优劣。这样的做法是利用奖励来鼓舞员工，让他们能够在未来有更好的表现。要达到激励的效果，就必须让每位员工能够时刻掌握自己的绩效评估结果，而不要等到评估期限结束后才知晓成绩。

三　不要被账面数字蒙蔽

凡事要追根究底，找出员工达成目标的方法，这样才可以让你预见未来的发展。如果不这样做，就可能出现借权宜之名而行投机之实的不良情况。

一连串的会计丑闻都是起因于员工的自欺欺人，他们认为结果可以合理化任何必要的手段，而不论这一手段是不是符合道德规范。了解企业成员是不是用正当的方法达成目标，这一点非常重要。这样才可以避免员工耗尽精力却无以为继，或者发生不道德行为的情况。

“为达目的不择手段”的心态可能把企业带入险境。相对地，你应该让企业用下列方法制胜：

◎ 设定明确而远大的目标。

◎ 给员工提供必要的训练。

◎ 定期让员工了解自己的工作表现。

◎ 身先士卒。

◎ 把员工视为资产而不是费用。

◎ 让员工为自己的绩效负责。

◎ 打造没有领导人也能够自行运作的坚强团队。

换句话说，你必须营造井然有序的工作环境，让员工能够创造佳绩。要能做到这点，关键在于制作“量化的进程规划”，也就是规划出一套事无巨细的这一计划。要规划出成长计划，必须采取下列几项步骤：

(1) 简明扼要地描绘自己目前的情况——也就是要弄清楚自己的企业在几项企业发展关键指标上的表现。

(2) 设定下一个更高的绩效目标——也就是为了提升绩效表现，企业必须在未来 90 天内达到的明确量化目标。

(3) 具体地列出要达到上述目标必须采取的策

略——然后依据策略制订出各种详细的战术，并运用这些战术来达成策略目标。策略的内容是你想达成的目标，而战术的内容则是达成目标的方法。

（4）和管理团队定期地进行磋商——并且同团队成员讨论你的目标。明确地制订出管理团队的首要工作，让团队成员可以齐心协力地朝下一个更高的绩效目标前进。必须让每位团队成员都认同你的想法，然后开始大展身手。

量化进程规划的做法除了应用于企业，也可以应用在员工身上。对那些具有潜力却从未认真思考自己工作规划的员工来说，这样的做法非常有用。持续地详细记录每位员工的工作情况，追踪员工目前的工作表现和未来必须达成的目标。要规划员工绩效提升计划，详细地列出员工必须着手进行、舍弃不做以及必须加以改善的项目。如果能够指派老师给这些员工，让老师在工作上进行协助并且给予指导，这些潜力无穷的员工就能够用稳健而充满热情的步伐向前迈进。

四　据实相告

优秀的员工需要了解自己在你心中的评价是好是坏。他们不会因为你告诉自己实话而生气，反而会因为你顾左右而言他倍感挫折。直截了当地告诉员工你对他们的评价，可以激发员工最大的潜能，以追求卓越的绩效表现。

如果你可以养成有话直说的习惯，那么表现一定会比你想粉饰太平要好。每个人都喜欢直截了当，而不想浪费精力去听那些官僚主义而漫无目的的长篇大论，因为这些话实在是言不及义。

对员工绩效的评价包括下列几种不同的类型：

（1）正面评价——以正面态度肯定员工的优秀表现。员工的杰出表现如果能够获得肯定，往往能激发员工的斗志，让他们能够在未来有持续杰出的表现。企业界很少给予员工正面评价，而正面评价经常能够激发受肯定员工的热情。应该尽量多给予员工正面评价。

（2）中肯评价——帮助员工发现自己目前的问题。要对员工提出这样的评价，最好挑个比较轻松的场合。尽量让员工清楚地了解你希望他们达到的绩效水平，这样才不会造成你和员工之间认知上的落差。在给予员工中肯评价的时候，最重要的是要让他们把所有精力都放在改正自己的错误上。

（3）建设性评价——指出员工的缺点并且提出相应的改进建议。建设性评价是为了帮助员工成长，并且给他们提供实用的信息，不要只是告诉员工应该做什么事。这种方法不能滥用，在必要时使用才能发挥最好的效果。

（4）无动于衷——不论员工表现好坏都完全不闻不问。无动于衷的做法无法对企业造成正面影响，它通常显示领导人不能掌握企业的情况或者与企业脱节，而且会消磨企业的士气，因为员工根本不清楚自己的表现是好还是坏。

（5）负面评价——有时候也可以说成“炮轰大会”。负面评价会让被“炮轰”的人感觉屈辱，人格被贬低甚至践踏。这种传达评价的方式地严重暴露出领导统治的缺点，而称职的领导人是绝对不会采用这种方法的，即使是开玩笑。如果总给员工负面评价，员工是绝对不会有什么成就的。

五　勇于挑战传统观念

要挑战传统观念，并且用实际情况逐一检验过去你奉为圭臬的教条，而不要人云亦云、盲目从众。

如果你陷入群体盲从的泥沼，并且深信传统观念的误区，那么很快就会出现问题。要能独立地进行思考，不要盲目地相信企业常见的误区。必须极力避免下列3种传统的企业误区：

1. 成功的CEO都具有个人魅力和超凡的领导形象

许多人都认为，要当个成功的CEO就必须在媒体上拥有良好的形象，就好像韦尔奇、艾科尔或特朗普一样。事实上根本不是这样，大部分成功的CEO都是很低调的，他们都是兢兢业业地经营自己的企业，而不会去抢占媒体版面来抛头露面。最成功的领导人向来都态度谦和，而且会为了顾全企业的整体发展而牺牲自己的部分利益。

卓越领导人最在乎的是企业的成就，而不是自己在媒体上的形象。这种心态是非常重要的，因为自我意识太强的领导人通常不善于打造团队。自我膨胀会让人把自己封闭起来，并且拒绝学习新事物，听不进建设性以及至关重要的信息。成功的企业领导人必须具备的不是魅力，而是骨气、能力和毅力。上述重要特质是卓越领导人必须培养的，也是他们在挑选共事伙伴时要考虑的重点。

2. 规模越大，销售收入越高，企业就越成功

每家企业都希望自己的规模能够扩大，因为这样才能证明自己的经营方向是正确的。问题在于，如果目前的运营模式是错误的，成本又居高不下，营业额高低其实根本不重要。事实上，如果你目前获利不佳，扩大规模的结果可能只是加快亏损的速度。

许多企业会尝试采取扩充产品线或并购的方式来达成水平扩张。在企业运营顺畅的情况下，这种做法或许可行，但是要评估企业领导阶层的效率有多高，还有一项更好的指标，那就是领导人能不能让企业做到垂直成长。企业里各个部门的销售量必须年年攀升，这样才能促成企业垂直成长。

下列几项建议可以帮助你打破这两项误区：

（1）时刻提醒自己，创造多少营业收入并不重要，留住多少收益才是重点——因此一定要建立严谨的财务管理规范和现金流量管控程序。此外，还必须做好所有基本工作，例如建立财务制度和管理机制、维持合理的存货量、催收应收账款，以及控制支出等。

（2）建立正确的制度和心态，把运营重心尽可能地放在运用现有商机和资产上，不要忙于创造新商机——如果你能够静下心来检视目前所有的商机，一定会发现很多可以利用的机会，而根本不必冒险涉足与本行业并不相关的领域。

（3）努力地提升和培养现有员工的能力——与其雇用更多员工，不如培训你的管理团队，让经理人协助现有员工改善绩效。

（4）加强板凳深度——挑选一批明日之星，把这些人纳入人才库或者企业的权力核心，让他们在未来接班成为新生代的管理人才。建立“提携后进计划”，以系统地培育新秀。等有适当机会时，你自然就有一批人才可以马上披挂上阵，这些人才不仅了解你的企业文化，也具备应有的技术和能力。在你培训出堪当大任的足够人才前，千万不要去想并购的事。

3. 被指派加入团队的员工一定会以大局为重

团队是由人组成的，所以一定会掺杂勾心斗角、争权夺利等各种人性的弱点。千万不要以为某位员工会突然脱胎换骨而不再自私自利，原因只是他成为团队的一员。这种事是不会发生的。

下列几种方法反而是管理团队比较务实的做法：

（1）只要有团队成员告诉你某些信息，就要审慎地考虑信息背后的成因——了解这位员工之所以提出这些消息，是否因为他可以从中得到好处。另外也要考虑，这个想法是否能增加团队的成功机会。

（2）要特别注意一些笼统的说法，例如“大家都知道……”或者“许多研究显示……”——一定要追问说这些话的人，为什么认为他提出的论点众所皆知，或者他引用的到底出自哪一份研究报告。弄清楚事实根据可以防患于未然，从而避免事态扩大。

（3）在情绪激动时不要立刻作决定——等到情绪稍微和缓后再观察情况有没有发生改变。不要鲁莽行事，以免让自己后悔莫及。

（4）扮演调停人的角色——只要有团队成员

向你抱怨另一位成员，就把双方找来，大家心平气和地当面讨论问题。让双方好好地就事论事，不要采取人身攻击。

（5）不要排斥跟你意见相左的人——商界有一件很有意思的事，就是每个人扮演的角色偶尔会互换。要让每位成员都能放心地提出与你不同的看法，这样做可以让你的思考更严谨，行事更周全。

六　别管多元化

讲究官僚主义的组织会热切地追求多元化。这种做法实在愚不可及。应该把这股热情用来追求绩效，没有任何事比绩效更重要。

许多企业都会实行自订的“平权措施”计划。在这样的计划中，员工的升迁或奖励是根据性别、种族或服务年限进行的，而不是单纯地依照员工的绩效表现。这种做法实在是愚不可及，不仅没有肯定被提拔或者得到奖励的员工，还使企业上下形成容忍浑水摸鱼表现的不良风气。

平权措施经常会造成意料不到的负面效果。如果奖励员工的依据是员工的身份而不是绩效的好坏，组织就会丧失形成绩效主义文化的机会。即使采取平权措施的出发点好，但这么做却会造成不良后果，也就是对绩效不佳的事实视而不见。平权措施原本是为了追求公平，结果却反而破坏了组织的公平性。

裙带关系也是另一种形式的平权措施。裙带关系会造成员工因为身份特殊而获得奖励或升迁，这与其工作表现无关。其实，只要能一视同仁地采用和其他员工相同的绩效标准，那么让家族成员在家族企业任职根本没有什么不妥。如果在评估家族成员和一般员工时采取两套标准，则会造成严重后果。

那么，到底应该怎么做才能改善因为追求平权造成的问题呢？这里提出下列几项建议：

（1）抛开多元化的想法，完全追求绩效——不管员工的性别或种族如何，让员工清楚了解公司最重视的是绩效。努力营造追求高绩效的企业文化，把多元化的问题留给政治人物去解决。

（2）重新定义企业对忠诚的看法——让员工明白，企业判定忠诚度的标准是根据每位员工的工作表现，而不是资历。只要把这项原则坦白告诉成员并且贯彻执行，就能产生效果。必须一视同仁，没有人能够例外。如果自定原则又一再破例，那么一定会发生问题，千万要避免。

（3）要每位员工都把所有精力放在自己可以控制的事情上——无法控制的事情就随它而去吧。让每位员工了解，自己的行为决定自己的命运。不要让员工循着官僚主义的观念，把自己想成有待补偿的受害者。要让员工了解，失败不是运气不好，而是错误决策造成的。即使外在环境严峻，员工还是可以完全掌控自己的纪律、品行、工作态度、时间分配和共事对象。帮助员工了解，人生的成败取决于员工自己个人的抉择，而不是外在环境。最重要的是，让你的员工认识到自己的人生能够有什么样的前途完全掌握在自己手中，与别人的过错或责任无关。因此，员工应该努力工作，自食其力，不要空等好运从天而降。

（4）一视同仁——一定要一视同仁地对待少

数族群的员工。不要放任或者帮这些员工追究、弥补过去历史造成的不公不义，这样做根本没有用。你应该平等对待每一位员工。清楚说明你设定的绩效目标，然后彻底执行，并且让员工对结果负责。

（5）加强自己对平权议题的认识——如果有员工抱怨你跟不上时代，你要清楚了解问题的关键在哪里。最好事先准备充分的实例，不要只讲一些不着边际的话。

七　不只要赢

不要只想占有自己应得的市场，要抢占更大的市场。保持必胜的斗志，充分利用自己的优势，比你的竞争对手做得更好，想得更远。

在商界，要追求卓越不能有丝毫的妥协让步。必须有高人一等的表现才能站上顶峰。此外，还必须坚持不懈，立志在自己擅长的领域超凡脱俗，而不要想面面俱到、大小通吃。简单来说，只有拒绝妥协、表现出众的企业才能在市场上独占鳌头。

你大可不必为了竞争市场而变得面目可憎，也没有必要向竞争对手宣战。如果一心只想把对手打得一败涂地，就可能让自己错失给客户提供更佳服务的机会。真正应该全力以赴的是要挑战自我，不断提升自己企业的绩效，加强自己追求卓越的能力，这样你才能在市场上独占鳌头。

过早尝到成功的滋味可能很难让自己持续保持备战状态，很容易松懈下来，安于现状。要避免懒惰的心态，可以采取下列 6 项关键做法：

（1）随时要求自己挑战自我，不要只想和对手一争高下——要全心全意地想办法让企业的绩效一天比一天进步。让企业随着岁月成长，而不是老化。

（2）不要轻视强劲的竞争对手——把对手当成激励自己的动力，提高警惕，随时处于备战状态。竞争对手可以激发你的斗志，让你更辛勤地工作，不断进步。把对手当成企业追求卓越的催化剂，全心全意提升自己的表现，不要只想投机取巧。

（3）要有充分运用各项资源与机会的心态——让企业充分利用自己的所有机会和资源。如果你愿意诚实面对企业的现状，你就会有办法善用手边从未利用过的机会而让企业轻易成长，你甚至不必去寻找新商机。下列几种方法，可以让你善用机会帮助企业成长：

◎ 要时刻警惕自己变得骄傲自满。

◎ 定期举办培训活动，避免让员工出现懒散和拖延的工作作风。

◎ 制定销售策略，销售给现有顾客更多的产品。

◎ 把握每一次顾客来店的销售机会，为自己创造最大的收益。

◎ 每天都要设定目标，并且要求自己为每天达成的绩效负责。

◎ 召开“红色警戒”会议，让所有人共同讨论企业无法达成现有目标的原因。

◎ 成立“战情室”，让团队能够不受外界干扰地聚集讨论，专心分析企业必须达成的目标。

◎ 拟订明确策略，维系现有顾客。

◎ 开除绩效不佳的员工，把资源集中投入在表现最好的员工身上。

◎ 设定员工必须达成的最低绩效标准，而且不能讨价还价。

（4）克服个人自满的缺点——并且持续努力、精益求精。你可以利用下列几项窍门：

◎ 设定个人目标，让自己发挥最大的潜能。

◎ 不断提升自己的技术和能力。

◎ 保持良好的体能。

◎ 结交成功人士。

◎ 每天设定目标，并且要求自己负责。

（5）保持备战状态——要让企业保持前进的动力，不要以为明天一定能够成功。也就是说，即使一帆风顺也要保持警惕并且专心致志。要让企业保持备战状态，应该做到下列几件事：

◎ 持续培训员工，让员工了解自己还有进步空间。

◎ 让员工为自己的表现负全部责任，并且给他们适当的压力，以提高员工的绩效。

◎ 积极招募人才，让自己有充足的可用之

兵。这也对现有员工透露出一个信息，那就是没有人是不可以被取代的。

◎ 只是把现有的做法发挥到极致还不够，还必须用创新的方法达成更高的绩效目标。

◎ 要懂得怎么趋利避害，要尝试进行变革和重大决策。

（6）重新上紧发条——不要停下脚步，静待景气变化。企业的未来掌握在自己的手中，而不是靠一些可遇不可求的运气，例如经济周期或整体经济环境等。如果企业成长停滞，就必须采取行动让企业再次前进。以下几项建议，可以让企业重新上紧发条：

◎ 抛开季度目标，让每位员工把所有精力放在未来一两周必须达成的目标上。让员工亲身感受企业面临存亡危机的迫切感。

◎ 一旦达成短期目标，就好好庆祝一番。这样做能够快速激起员工的斗志，让员工一再享受胜利的感觉。

◎ 人人有责。把企业目标转换成个人目标，并且要求每位员工都为自己的表现负责。让员工了解自己应尽的责任。

◎ 花时间和一线员工一起面对市场，鼓励员工不断有好的表现。这样做往往能激起正面的连锁反应。形势越艰难，领导人越要挺身而出。

◎ 让员工把所有精力都放在自己能够控制的事情上。生意不好的时候，不要想着把责任推到谁身上，反而要强调正确态度、工作努力、时间分配和个人抉择的重要性。

◎ 设定明确的行动目标，并且奖励达成这些目标的员工。即使在一开始时必须历经短暂的停滞，仍然要保持信心，相信正确的行动会带来丰硕的成果。

◎ 即使企业运营状况不佳，也要努力提升自己。保持自己的热情和干劲，为员工树立良好典范。如果领导人没有做到什么的话，至少必须激励士气。

◎ 即使在艰难的时候，也要一直强调责任感。要员工负起责任，完成肩负的任务，即使成效还没有显现，也要尽力完成。否则员工就容易养成懒散等坏习惯。

◎ 要表现出积极进取的态度。永远把胜利当成竞赛的目的，在你一帆风顺的时候，要大胆冲刺。不要对自己的成功感到不好意思，要相信自己当之无愧。

八　员工出格时当面说清楚

隐忍不发并期待员工自我改进是不现实的。有话要直说。如果员工言行出格，就要让员工知道后果是什么，不要模棱两可。

要改变员工的行为，就必须改变必须承担的后果。举个简单的例子，如果有员工上班总是迟到却安然无恙，员工就会觉得迟到是无所谓的。要改变这种行为，就必须制订严格的罚则，只要迟到就必须受罚，而且严格执行。可以利用迟到超过5分钟就扣一小时薪水的规定，或者另订其他适当的罚则。只有改变必须承担的后果，才能改变行为。

员工现在对你的态度受到过去所制订制度的影响。如果员工的态度已经影响你的管理作业，就必须建立严格的责任制。在这种情况下，有3

项关键要素是你必须做到的：

（1）制订明确的绩效目标——清楚说明绩效表现的最低标准，不要以为大家都已经和你的想法一致。每一项绩效标准都必须附上明确的罚则。事先制订工作规范，让员工知道自己的表现是已达到目标，还是仍然低于标准。不要让员工费心猜测，要详细列出用来评估员工个人绩效的所有因素。

（2）让每位员工都具备进行工作所必需的工具和资源——让员工完成工作。所谓工具和资源包含从员工培训到绩效评价的各种项目，还有员工要达成任务所需的支持。如果你真心希望员工能负起自己的责任，就必须让员工随时都了解自己目前的表现。告诉员工你对他们的评价并且给予必要的帮助。

（3）放手让员工去做——不要管任务执行中大大小小的细节。只需在员工请求支援时及时伸出援手。让员工自己作决策，并且靠自己的力量完成工作。要记住，员工要对自己的表现负责，所以一定要给员工发挥的空间。

在不当行为发生后果断执行处分做法，也有助于建立有责任感的文化。执行处分越果断，效果越显著。这样的处理方式也可以释放很好的信息，让员工了解你的确在意大家的表现，同时也有利于树立你言出必行的形象。设计的规则要确保能够改善员工未来的绩效表现。要确保规则的内容是积极而且有意义的，而不是为了贬抑和羞辱员工。这样企业的表现会更好。

同时要注意的是，如果你不能贯彻执行先前定下的规则，你的威信就会荡然无存。定下的规则一定要贯彻执行，即使付出的代价超出你的预期，或者实在是有阻碍和困难之处，也要贯彻到底。不能彻底贯彻执行会后患无穷。

九　不是要让员工快乐

领导人最大的挑战莫过于要赢得员工的尊重。如果领导人同时也受到员工的爱戴，这固然值得称许，但仍不要忘记，你的主要职责是让员工更优秀。

你绝对无法用压抑表现最优秀员工的做法去改善企业中绩效不佳员工的表现。企业领导人的主要挑战是让员工更优秀。如果员工始终达不到目标，就引进一些能够自我成长和自我提升的新鲜“血液”。对于表现不佳的员工不应该百般容忍。

说到底，企业就是要做到以下几点才能有效提升自身的绩效：

（1）不能把经营企业当成经营家庭——你不能对待员工像对待家人一样，凡事百般容忍或包容。企业里的每个成员都要为自己的绩效负责，不能依靠自己的什么特殊身份。

（2）制订最低的绩效标准——并且贯彻执行。明确告知设定的最低绩效标准，达不到标准就开除。这些绩效标准必须清楚明确，但最重要的是，要让员工为各项绩效负责，并逐步提高这些绩效标准。

（3）必须让经理人担负培养下属的责任——经理人所有的报酬奖励就看他在这方面的努力成果。经理人的薪资和奖励完全要看他所属成员绩效进步的情况。如果下属还在原地踏步，经理人就分不到红利；如果下属的绩效突飞猛进，经理人就应该获得丰厚的分红。

（4）爽快果断地开除不称职的经理人——拖泥带水、一再隐忍只会让问题更复杂。要给经理人明确的指示，给他们提供必要的培训，然后让他们定期知道自己的绩效表现。如果表现毫无起色，就放弃这些人，然后继续勇往直前。

（5）要懂得授权的智慧——要交付多少权力得依员工个人能力而定。企业内不是每个人都有资格得到相同的权限，所以要谨慎评估后才能交付权力。自己不必凡事都紧盯不放。

（6）不要心怀轻蔑——要实话实说。直接面对表现不佳的员工，指出员工在工作上有哪些未达标的地方。即使实情会让员工受打击，他们终究还是会感激你的坦率诚恳。

（7）随时要求员工提出自己的意见和建议，但是运营决策则不应该采取表决的方式定案——你必须自己承担决策的责任。记住，一家健全的企业既不是完全民主，也不是完全独裁，而是兼容两者的优点。尽量广开言路、察纳雅言，但不要忘记，老板才是最后拍板定案的人。主管随时要面对最后结果的公平检验，所以要替企业作出对绩效成长最有利的决定，而不是让员工快乐的决定。

十　根据企业价值观投资

企业应该支持一些能够反映自身价值观的主张及行动。你必须作为表率，为了让世界更加美好而贡献自己的精力。

企业应该竭尽所能地满足客户，但必须谨记，有时必须割舍部分客户。一旦同有的客户做生意给企业带来的麻烦超过他们所能带来的效益，就要想办法请他们另寻高明。当然，应对这类客户的方法不必过于无礼，只需坦诚地说明原委即可。

不要隐藏自己所坚持的价值观，或者向任何人妥协，你反而应该把企业当成宣扬价值观的舞台，大方地公开宣扬你的理念，别想当“好好先生”而尽量不得罪任何人。这样做其实并不容易，很可能会引起员工的争议，但是这绝对是你应当做的事。你应该积极地宣扬自己认为能让世界更加美好的理念。

实际上，你可以采取下列做法来宣扬自己的理念：

（1）支持或赞助你选定的慈善事业——即使自己的资源有限，没办法赞助所有慈善事业，你至少可以确定，自己这样做对选定的慈善机构起了积极作用。如果你愿意，企业可以每年选择赞助不同的慈善事业。也许是通过提高收入的固定比例，或将按其他公式计算出来的赞助金额捐赠给各慈善事业。你选择赞助的慈善事业必须和你有共同的价值观，能够反映你所坚持的信念。如果没有那么多钱，你也可以贡献时间或者给慈善事业提供企业的设施。

（2）看看能不能利用企业的网站来支持社区服务——提供相关网站的链接和其他信息。如果建立一个和外界频繁互动的社区服务专属区，详细地说明自己为了创造美好的社区生活付出了哪些努力，或许就能让更多人知道企业在这方面的努力，并且激励其他人齐心协力。

（3）积极地支持志同道合的政治候选人——不管是地方性还是全国性的选举。毋庸讳言，政治人物虽然充斥着不三不四的人，但也不乏一些认真做事、有远大理想的人。用心地找出一些值得支持的候选人，研究他们的政见，赞助他们的竞选活动。但是要对外公开自己的捐献。参与政治活动是件光荣的事情，没有必要觉得难为情。

（4）培养接班人——鼓励年轻有为的接班人接班。挑选一位你认为大有潜力的接班人并用心培养，并且让他们在职业生涯上更进一步，以薪火相传的方式来回报你。幸运的话，一代接一代提携后进的做法会形成良性循环，从而累积社会的能量并造福众人。

（5）当孩子的好榜样——在家时要多关心孩子。鼓励并引导孩子去做亲子认同的重要事情。不要每天都拖着疲惫的身躯回家，这样就没有时间和精力建立亲密的亲子关系。还要记住，不要冷落你的另一半。

（6）从小处着手——尽力而为，现在能做多少就做多少。当一个人不愿意从100元的所得中捐献10元时，就不要奢望他会突然从赚得的10万元中捐献出1万元来。收入的多少并不重要，重要的是你如何看待自己。成功和满足来自于真心地想为这个社会贡献出自己的一份心力，而不在于你捐献了多少钱。

（7）不要找借口——因为为自己找借口是完全于事无补的。一项研究显示，美国最高收入前1%的人每年约捐献自己所得的2%给慈善事业，而属于中低收入阶层的社会大众每年捐献的金额却大约占这些人收入的6%。捐钱给慈善事业有助于促进心理健康、提高精神境界、增强自尊心，以及加强对自我整体价值的肯定。这是一项划算的个人投资。

（8）别理会别人的品头论足——做自己认为

正确的事。记住，人生的意义不在于让周围所有人快乐，而在于让这个世界比以前更加美好。不要因为物质享受而丧失自己的价值观。

关键思维

也许你此刻没有热情或勇气，但总有一天良知会唤醒你，这一生自己已经蹉跎太久了，除了赚钱，还应该开始回馈社会。毕竟，企业不应该只是赚钱的工具，还应该是改善世界的一个平台。不要当个消极的懦夫，抛弃自己的价值观，屈从于弄权的政客和遭社会遗弃的好战分子，这些好战分子只知道不断地为了抗争而抗争。企业领导人应该成为自己所信仰理念的斗士，他认为这些理念能够改善所有企业赖以生存的整体环境，并提高世界的生产力。

——戴夫·安德森

专家解读

打破传统医院管理生态

文/王淮

本书原作者戴夫·安德森处于美国社会，他通过个人的演讲天分和管理专业知识，引导企业的领导人扮演好职责。企业领导人不仅应该当下就发挥管理的才能，还应心存对未来的展望构想。至于如何心想事成，作者强调持续培训的必要性，要以开阔的视野增强企业生命力。

阅读作者的观点，我个人不认为只是企业文化的讨论，即使企业文化是关乎企业运作的根本哲学。所谓“官僚主义”的说法在各个社会、企业都隐含负面意味，暗指其中的成员由于心存升迁意图，刻意经营与上司之间的关系。一旦甲采用这种策略达到目的，乙也依样学样坐上想要的位置，很快就会在企业内形成风气。从外界来看，不会直接怪罪甲、乙或其他员工，而是除了认定这个企业的文化向“奉承”方向倾斜，更会认为这家企业的制度不健全、领导人有问题。

领导人的表现与制度的建立互相作用。健全的制度能够给领导人提供“说不的权利”，也能避免员工采取捷径，最终形成整个社会所能接受的企业文化。

然而，制度是怎么来的？它是企业领导人最后决定的！

依照这种逻辑进行分析，领导人在企业内采取的互动行为、对应态度影响了员工的表现方式和绩效的达成过程，也影响了企业运作的获利盈亏，所以作者才经综合整理后提出10件事，提示领导人应该重新回归管理的本位。

人人都有糖吃并非好事

我绝对赞同制度对于企业运作的核心意义。只是身处职场这么多年，也看过不少上司躲在制度的背后，试图让每位属下都“依序”有糖吃。例如人事制度上的工龄计点在薪资核算的比重过高，加上缺乏配套的奖励措施（可能是职务不属于业务分红）。这些都使得年资轻、手脚勤的优秀员工的工作分量与薪资福利不相称，他们一旦学到专业技能或实际经验，就立即跳槽而去。

领导人更不应该想讨好每一个人，那样无异于藐视制度。美国作家诗人兼哲学家梭罗在其著作中曾提到："如果有人无法和伙伴并肩齐步，也许是因为他听到了不同的鼓号"。领导人是指挥发出鼓号的人，必须让部队的每位成员都听到一致的鼓声，并让他们顺着这个声音，而不是要求鼓手改变鼓号去配合每一个人。因为那样做只会让每个人都产生脱队意图。

在我们目前的企业里，领导团队有一项共识——不要想讨好每个人，但要让每个人有同样的机会成长。不讨好每个人的前提除了尊重制度，主要是认识到资源有限；不只是单一企业的资源，整体社会的资源也不应该浪费。适量、适合的资源利用可以放大价值，过量或扭曲的资源利用必然导致价值曲线下行。至于让每个人都有同样的机会成长，则等于运用一般企业的激励措施，但不采用竞赛计分板。让每个人都有同样的机会崭露头角，其目的在于发掘个人成长的可能空间。一旦企业成员都能尽情地展现自我，团队氛围便会显得积极向上，从而提升整体的气势。

重组传统医疗环境

或许有人认为上述解析太过宽泛，以下略述我们目前从事的业务以及互动的生态，各位读者可能更容易感同身受。我们从 10 年前开始以 BOT 方式承接医院的肿瘤治疗中心，客户包括台北市立万芳医院、台北医学院附设医院、台中梧栖童综合医院和罗东圣母医院等，它们都加入了我们的团队。这 4 所院区的肿瘤科主任担任各子公司的负责人，上层有统筹各公司的 CEO 扮演企业运营总监的角色，我个人则挂名董事长为团队贡献决策和理财的专业能力。

以科技业的说法，设置在这 4 家医院内的肿瘤治疗中心采用的是垂直整合的方式，包括手术前的全盘规划与讨论，让各方面的专业人员能真正参与，以提高治愈率，并协助患者康复与提高其生活品质，是同时具备放射治疗、同步化学治疗以及心理治疗等能力的医疗单位，可以给予病人完整而且周到的医疗服务。近年，我们准备往产业链的高端推进，延伸到预防医学、抗衰老领域，让现代人能活得健康、远离病痛。

虽然肿瘤治疗中心同样设置在医院里，由于BOT，在行政运作上，我们有自己的体系、护士、医生、检验、报告，更重要的是医疗设备。或许应该这样说，当年之所以决定在医疗系统试行BOT，是因为医疗设备的采购问题。肿瘤是患者死亡的主要因素之一，不只患者数量大量增加，病因、病种也越发复杂，因此必须不时引进新的仪器设备。然而仪器昂贵、政府议价作业缓不济急，改用民营模式且自负盈亏，同时形成规模经济才是应对方法。

这种做法打破了医疗体系的传统和医生的培养生态。传统上，医学院毕业生进入医院工作一般要从基层的实习医生开始，一层层地慢慢升迁，升迁速度与老师、教授们升迁的情况一致。老师、教授们如同医院的大佬，他们不一定有领导职务，却一定有分配资源的权力。例如，出国开会从他们先排起、研究经费从他们先给起，买设备仪器呢？对不起，请从报价、询价、上交公文、议价程序等一步步来。果真如作者所说，晚辈医生只有官僚主义加上天赋异禀才可能从学生堆里被老师看中。

向对的出发点靠拢

在 BOT 的医疗体系里，医生任职于企业，并对中心主任负责，他们要参与企业管理的决策，而且可以随时提出任何建议。曾有一位医生同事在我到某中心了解业务时，一边走一边对我说："或许我们应该新购一台仪器，市价约 4000 万元（新台币）……"。这在他以前的工作体系里绝对不可能发生。当这样的情境出现时，换成身为领导团队一员的我，必须以企业领导的身份，把他的想法引导到对企业绩效有帮助的方向。

于是，我反问他："你如何推算这台机器的投资效益?"我这样说并不是要当面否决他的建议，而是要从对话中找出背后相同的对应基础。我是学管理出身，对于财务分析很仔细，认定医疗设备属于高固定成本的投资，具有利息高、流动性低的特点；医生看重的是治疗过程的效率，认为患者不能等待，抢救患者如同救急，而身在台湾地区的我们都在乎医保给予的预估收入。我们一步步从各自立场中渐渐去除各自坚持的盲点，慢慢地往对方的出发点靠拢。我不讨好医生，医生也不必奉承我，但是双方都得到争取企业更好发展的机会。

领导如医疗，治标亦暖心

对于管理知识的要求是我们团队和传统医院

最大的不同之处，医生和医护人员都会感受到管理的重要性，他们也跟着一起接受管理顾问公司的授课，了解所做一切不是为了让医生因摆脱旧体制而快乐，而是要让大家能有更优秀的表现。事实上，我们只是走得比较靠前，现阶段的医疗界越来越需要管理人才，医生本身的管理知识也亟需强化，不只是考虑投资效益，更重要的是要有效地利用资源，以及完善企业运作的价值。

在我们的体系中，医生没有改变的是对患者的护理，计划性地提升医生的专业技能是要务之一。我身为领导团队成员之一，从一开始的人事制度上就拟订“10 分力，做 7 分事”、“12 个人力，做 10 个人的事”，其中蕴含的意义包括以下：

企业运作的概念是平常就要保留盈余，以备不时之需。

做 7 分事之外的 3 分事，是用在自我成长、在职培训和适度休息上面。

两个人没有被分配到工作，是因为目前正在接受培训，以创造下一阶段的工作优势。

医生对于价值的定位不是只有金钱收入，金钱不是个人权益的保障，同行业的竞争力更加重要，好的制度可以带给他们活力。

相信很多企业不会同意我的做法，尤其是制造业。把每一分钱、每一个人才都充分利用才是他们的思维。但是大家想想，我们所处的是人命关天的医疗行业，一台设备投资下去，不能只算可以治好几位病人，也不能只顾可以换来多少收入。机器只是医生治病的工具，医生的个人行为及专业则关系到整个医疗体系能否更有品质。要领导管理培育出尽职的专业医生，正如作者所提示：把钱投在符合企业价值观的地方，以加强员工专业的板凳深度。

我的工作是让企业的制度适应社会的需要，让传递给团队的信息清楚明确，以及让企业的共识可以达成。

作者简介

王淮，台湾政治大学企业管理系及企业管理研究所毕业，攻读 MBA 课程时期主修财务管理。自 1990 年起投入创业投资行业，曾任建邦创投副总经理。1997 年加入 KPMG 安侯企业管理国际顾问公司，担任副总经理，负责企业财务部门，领导多项大型 BOT 及并购案件，次年升任合伙人。2002 年起，以个人投资者的身份参与数家中型企业的创建及投资，并任投资标企业的董、监事。目前担任医世纪科技等数家公司董事长、生华创业投资公司监察人、至上电子独立监察人，并且是台湾地区公司治理协会委员，对企业董事会运作及公司治理颇有心得。

叛逆法则

The Rebel Rules

Daring to Be Yourself in Business

原著作者简介

奇普·康利(Chip Conley),美国斯坦福大学管理硕士,现为“幸福生活”饭店管理公司的创办人与负责人,旗下经营26家企业,包括饭店、汽车旅馆、餐厅、高级露营度假村、酒吧与豪华芳香疗养馆等,每年总营业收入高达6000万美元。康利曾荣获美国“年度创业家”和“年度游击营销专家”等荣誉称号,全美各大平面媒体都曾刊载康利的专访,如《华尔街日报》、《纽约时报》、《今日美国》、《时代》和《人物》杂志等。在自主创业之前,他曾任西海湾开发公司的项目经理与合伙人,以及摩根士丹利不动产公司合伙人。

本文编译:陈芬兰

主要内容

主题看板

企业成长需要叛逆人物

其实人人都有叛逆基因，但多数人随波逐流，渐渐遗忘本性。要找回自己的叛逆特质有4个方向，即领导力、激励力、判断力、行动力，朝这些方向努力，你就离高手不远。企业应当欢迎、培养、奖励叛逆人物，因为这群疯狂的特异人物往往是企业爆炸性成长的源头。企业唯一必须谨慎把握的是，在自由多元的工作环境下，如何才能让企业不致于陷入混乱无序。

叛逆人物（the Rebel）

20世纪60年代被称为“叛逆的年代”，凡是音乐、艺术、时装、电影或者政治都影响了日后各个时代与社会层面。在二战后的60年代，世界局势在以美国为首的资本主义阵营与以苏联为首的社会主义阵营对抗下，无论是意识形态还是军事冲突都达到白热化程度。在美国，黑人人权领袖马丁·路德·金的演讲促成种族平等法案的通过；美国参加越战造成了大量伤亡，惨状引起待役青年与家属的抗争；知识分子也开始质疑保守主义，兴起了解构主义思想与后现代主义。此时，在战后出生和成长的“婴儿潮”一代受到自由主义感染，开始积极地寻求自我定位，并且用“叛逆”宣泄对当时政治、社会的不满。学生走上街头、女权主义者焚烧内衣、年轻男女高喊“要做爱，不要战争”来大声地拥护和平、引领性解放、吸食迷幻药和大麻等。这群“叛逆人物”挑战一切保守事物，追求自由自在的原始生活，选择用性爱、吸毒、歌舞、漂泊等方式不断提出质疑、叛逆、挑战传统。除美国外，在英国有朋克、在法国有1968学运，在日本也有反对日美安保条约的学生斗争（东京大学安田讲堂封锁事件）。

这个由叛逆人物构建的“动荡的60年代”处处蔓延着反叛一切威权体制的浪漫而强大的势

力。其实所谓的叛逆并不是完全反对，而是质疑主流文化和当代文化。这些叛逆的作为都是在传达一种反叛的想法，也就是通过不同方式，来提醒大众针对现存文化进行多方面的反思。耐人寻味的是，在叛逆人物通过叛逆的方式质疑主流文化的同时，也为社会找到相对稳定的发展脉络。例如，瑞士一反两次世界大战以来组成国际同盟的习惯，以中立国的身份在欧洲稳定发展，在饱受战争荼毒的欧洲大陆成为相对稳定的国家。披头士、迷你裙、花纹图样、牛仔裤等突破传统的象征启发了多元化的观念，加速了科技整合、后工业社会、消费时代、传播媒体时代、信息时代、电子高科技时代等的发展步伐。同样是在20世纪60年代，香港影星郑佩佩可以说是另类的叛逆人物。她原本是芭蕾舞舞者，却在60年代以“侠女”形象开创了功夫片的风潮，成为电影世界中最为解放的女性角色代表。不论是嬉皮还是朋克，大概没人能料到一个华人女星竟然领先西方女性，让男性看到女性的“叛逆”能量。

精神领袖（Figurehead）

在20世纪60年代后期，管理大师亨利·明茨伯格深入研究了管理者的工作，并归纳出10种管理者的角色，大概可以分为3大类：即人际关系角色、信息角色、决策角色。其中精神领袖属于人际关系角色，管理者由职务和地位衍生出来的形式上的责任是社交礼仪的代表，例如参加集会、接见重要访客、剪彩、致词，或者签署法律文件等。除了仪式的代表身份，精神领袖还必须身先士卒、以身作则，让其他人有所追随，并担负指导和协调的任务。另外，精神领袖对外代表企业形象，同时是很好的营销目标，可以赢得社会对于企业形象的正面印象。因此，许多企业的领导人喜欢上节目、出书或演讲，一方面推销自己，另一方面推销企业。精神领袖的知名度在一定程度上也往往代表企业在社会的知名度，而高知名度可以为企业带来更多利益。

关键时刻（Moment of Truth）

“关键时刻”是一线服务人员与顾客互动的时刻，也是影响顾客购买决策以及评价服务品质的关键。这一概念是前北欧航空公司 CEO 卡尔森提出的，他希望让旅客认为，每一次和北欧航空公司员工的接触都能获得超值回报，也就是说服务人员与旅客的每一次接触都必须满怀诚意。卡尔森估计，公司员工和顾客之间的接触每天高达 63000 次，每次 15 秒钟，这种接触就是“关键时刻”。也就是说，旅客会对北欧航空公司产生 63000 次印象，这些印象会决定公司最终的成败。卡尔森打破了企业的金字塔型结构，将其变成像银河系一样由一连串的圆组成，一个圆可能表示一条航线。在一条航线中，飞行员、领航员、工程师、空服人员、行李搬运工、订票代理商等都置身于利益共享、自我经营的团队中，他们会投入精力来关注每一个关键时刻，从而为航线创造新价值。

5分钟摘要

叛逆创业家的4项人格特质

20世纪60年代，叛逆精神的信奉者掀起了一波波革命，希望能改变世界。今天，同样带着这一精神的叛逆创业家则成为商界的英雄，这些创业家创立了一家家勇于挑战传统的新企业。

为什么叛逆创业家如此受到推崇？主要是因为所有人都意识到，我们现正身处快速变迁的时代，这些勇于冒险、打破陈规的领导人就是追求光明未来和更换做事方法的指引。也就是说，叛逆创业家证实了一件事，那就是即使在商界选择只做自己，仍然可以创下骄人成果，并不一定只能亦步亦趋地效仿前人。

能够坚持自己的想法、对抗传统观念的叛逆创业家通常具有下列4项人格特质：

叛逆创业家的4项人格特质

1. 愿景——领导力
2. 热情——激励力
3. 直觉——判断力
4. 敏捷——行动力

在未来，凡事只懂得墨守成规的人势必会逐渐被快速变迁的时代所淘汰。要追求成功乃至卓越的表现，每个人都必须尽量让自己成为叛逆人物。

一　愿景——领导力

叛逆人物有能力化繁为简，让所有人相信能够成功。他们能勾勒出未来，然后用大家听得懂的说法来生动地描绘未来景象，让所有人感同身受。愿景能够指引叛逆人物，让他们知道自己应该采取哪些行动，以及朝哪个方向前进。

成功的叛逆创业家还要有号召追随者的能力，让企业上下都接受自己提出的愿景。当然，在所有成员找到自己的定位前，这种上下一心的企业势必要经过一番摸索和学习。但最重要的是，这个愿景会让所有成员产生共鸣，并且激励大家投入精力。

1. 如何宣扬叛逆愿景

叛逆人物常用以下 3 种（或者 3 种以上）沟通方式向大家说明自己的愿景：

（1）视觉图像——叛逆人物会创造简单的视觉符号，用来阐述愿景的内涵，并且作为愿景的象征。令人印象深刻的视觉符号通常具有下列几项特色：

◎ 概念可能源自企业历史上的重大事件。

◎ 使用象征行业特色的物体或形状设计而成。

◎ 根据具有传统意义的符号或图像设计而成。

举例来说，服务业经常使用心形图案作为视觉符号，而可口可乐独一无二的瓶身形状也是广为人知的。这些产品或服务的主要精神都能被整合成简单的图形，清楚地传达出公司的愿景。只要这些图形有任何一项要素是大家原本熟悉的，自然就可以理解，这个愿景就是要在自己对公司的原始认知外达成怎样的新成就。

（2）文字叙述——一则令人印象深刻的故事能够非常有效地传达愿景的要旨。大多数叛逆企业还会从传达愿景的故事中衍生出符合自身愿景含义与方向的专用词汇。激励人心的故事加上新颖的专用词汇能够发挥相辅相成的作用，营造并维系企业文化，让全体员工持续努力地实践更远大的愿景。

例如，山姆·沃尔顿在沃尔玛刚起步的时期就把“讲故事”这项工具运用得淋漓尽致。当规模扩大到3000家店面时，沃尔顿再也无法亲自定期造访所有店面，于是他开始在每周六上午通过卫星与全球各地的店面召开视频会议。沃尔顿利用这些会议告诉大家一些成功事迹、说明公司目标，并且阐释愿景以及迎接竞争对手挑战的策略。

（3）鼓舞人心的标语——大多数人都喜欢简明扼要的表达方式，而叛逆创业家却总是会设法找到一个词或一句话来包装自己的理念和愿景。接下来，他们会不断地使用这句话，逢人就说一遍，清楚地传达出愿景的重要性。

例如，当杰克・韦尔奇 1981 年出任通用电气 CEO 时，他就主张：“在企业涉足的各个产业，如果我们不是第一或者第二，要不就想办法改善，要不就把这项事业关闭或者卖掉。”于是在接下来的 20 年间，通用电气果然卖掉了价值 200 亿美元的业务，但同时也花了 500 亿美元并购了其他企业，而这些企业让通用电气更为强大。

2. 如何唤醒叛逆特质

那么，叛逆创业家到底是用什么方法来构思愿景的？有趣的是，大多数人在自身职业生涯刚起步时，往往都是叛逆人物，但随着年龄逐渐增长，主要目标就渐渐发生改变。要勾勒出愿景，第一步通常就是回到起点，再度唤醒自己的叛逆特质。这些特质可能从未消失，只是暂时处于“冬眠”状态。

要再度唤醒个性里潜藏的叛逆特质，成为“隐藏在内心的叛逆人物”，可以通过下列方法：

（1）想一想灰姑娘的故事——与其浪费生命去做自己深恶痛绝的工作，就像灰姑娘穿着不合脚的鞋子，还不如大胆闯一闯，寻找自己热爱又适合的新工作，也就是只有灰姑娘才穿得上的水晶鞋。

（2）把自己的人生当成小说，然后重新改写——回想自己在成长阶段对生命抱有的整体看法，你可能会发现，自己的想法依然受到早年痛苦经验的影响。如果能够以截然不同的方式来重新编排自己的人生故事，就有可能发觉能够重燃热情之火的劲头，并靠着这种热情开创出不同的职业生涯。

（3）重新点燃赤子的热情之火——试着回想在自己的成长过程中什么是最有趣的事物。在你认为最有趣的事物中，可能有某件事情已经遗忘多年，却能够激发你的叛逆直觉和特质。还可以回头想想自己小时候立下的志向，也可能对自己有所帮助。不妨问自己，在人生这个阶段，再回过头来去投入从小就梦想的工作是不是符合实际？

（4）试着拟订自己的人生目标——针对下列3个关键问题，用一句话简短地写下这些问题的答案：

◎ 我希望别人怎么记得自己？

◎ 我希望养成哪些习惯？

◎ 我最重要的成就是什么？

（5）评估自己的工作经历——逐一记下自己曾经做过的工作，以及每项工作各有哪些喜欢的内容、哪些不喜欢的。然后仔细地检视这份清单，看看自己喜爱的工作有哪些共同点，讨厌的工作又有哪些相同的特性。坦诚而公正地面对这些问题，就能够更清楚地认清自己叛逆的本性。

（6）记下遇到的所有挫折——大多数人都能够理性地分析自己无法成功的主要障碍所在，但因为无力感或者恐惧，面对障碍时却束手无策。要想克服障碍，每周列出一次自己在工作上遇到的5大挫折，并且依照挫折的严重程度排序，一一记录下来。几个星期以后，内心的叛逆人物就会开始告诉自己，现在应该设法克服这些问题，不应该放任这种情况继续下去。

3. 高举“叛逆圣战”的旗帜

大体来说，叛逆创业家会经常汲取“青春之泉”，使自己不断地重新振作，或者更专心地发挥既有的叛逆特质。只要能这么做，叛逆创业家就能展现出自己最擅长的能力。他们勾勒出的愿景一部分来自昔日的理想，另一部分则是新的灵感。无论愿景的源头是什么，叛逆创业家都能散发出热情。这就是为什么会有那么多人受到感召，为那些努力实现自己愿景的叛逆创业家效力，这是因为工作已经成了一场伟大的圣战，而不只是谋生手段。更何况叛逆创业家的圣战向来都具有高度的感染力和趣味性。

（1）实现愿景的运营模式——一旦叛逆创业家清楚地确立了自己的愿景，接下来就必须构建能够实现愿景的运营模式。这个模式必须包含以下两项关键因素：

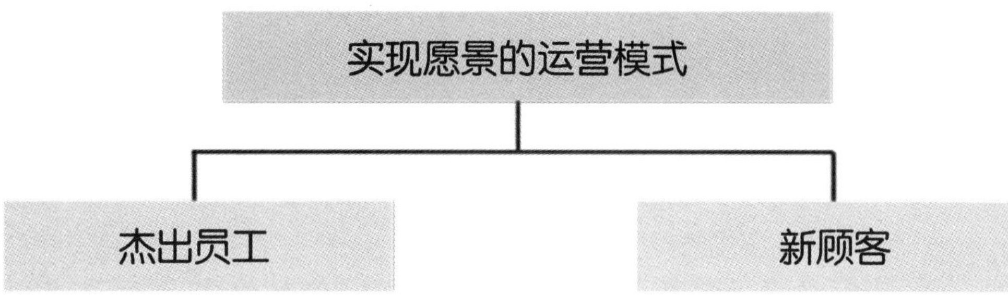

对叛逆创业家来说有利的一点是，吸引杰出员工和新顾客的过程都非常简单而直接，靠的就是企业最核心、最珍视的价值观。

（2）叛逆领导人有 41 项重要价值观——叛逆领导人会将深获人心的价值观深植在公司的组织架构和企业文化之中，从而能够吸引到那些持有相同价值观的员工，以及高度赞赏这种价值观

的顾客。事实上，现代经济体系里成功的经营方式总共可以归纳出41项价值观或特质。大多数成功的企业都是由3～4项特质结合而成的独特个体。

41项重要的价值观或成功特质包括以下各点：

◎ 创造力和创新能力。

◎ 划分明确、井然有序的组织架构。

◎ 急人所急，对有困难的人伸出援手。

◎ 许下并且谨遵承诺。

◎ 信奉自由主义，相信自由市场和思想自由。

◎ 发展双赢关系。

◎ 信奉环保主义。

◎ 诚实经商，童叟无欺。

◎ 用坦诚、尊重的态度与人沟通。

◎ 保持均衡的生活方式。

◎ 待人公平、公正。

◎ 建立企业在所在地区的声誉。

◎ 信奉爱国主义和利他主义。

◎ 运营措施和心灵主张紧密结合。

◎ 员工的忠诚和信赖。

◎ 协助患者。

◎ 追求股东的最大利益。

◎ 顾客利益至上。

◎ 遵守主管机关的规定。

◎ 尊重传统。

◎ 最优秀的企业成员有机会出任高级职务。

◎ 产品品质卓越。

◎ 值得信赖。

◎ 高度重视艺术和文化。

◎ 把握所有商机。

◎ 受到社会大众的尊重和喜爱。

◎ 立志让世界更美好。

◎ 追求团队合作的工作环境和经营方式。

◎ 卓尔不凡。

◎ 行事前后一致。

◎ 以自己的产品或服务为荣。

◎ 给予有功者适当的表扬。

◎ 协助“小虾米”对抗“大鲸鱼”。

◎ 以绩效为导向。

◎ 尊重个人自由和独立自主。

◎ 谨守“己所不欲，勿施于人”的黄金准则。

◎ 不拘泥于形式的工作环境。

◎ 薪酬合理，让员工能够养家糊口。

◎ 友善、默契。

◎ 容许别人不同的意见。

◎ 乐于工作、享受生活。

叛逆创业家擅长选取其中几项特质，把这些特质和企业文化相互融合，从而打造出能够吸引新顾客和杰出员工的企业。

关键思维

我认为企业成败追根究底的话，通常可以归

因于是不是能够激发出员工最大的潜能和才华，以及有没有采取适当措施帮助员工找到共同理想。

——托马斯·沃森，IBM 前 CEO

成为叛逆人物就像饮用了“青春之泉”，会对自己的使命抱有无穷的热情和无尽的活力。如果你选择的工作是自我延伸，那是最理想的。当别人告诉我在产品上随处可以看见杂乱、独特的指纹时，就是对我最大的赞赏。工作就应该像成人用双手画出的彩绘。能够传世的不应只是自己创立的企业，更重要的是自己塑造出来并向员工传授的经营方式。

——奇普·康利

在今天不断变化的世界，知道自己是什么样的人比找到自己要走的路更加重要，因为计划永远赶不上变化。重要的变数不是企业宗旨的内涵，而是企业宗旨在实际中深化的程度，以及是不是在各种作为中体现出来。

——詹姆斯·柯林斯、杰里·波拉斯

《基业长青》作者

价值观就像企业领导人和基层员工沟通的语言。价值观可以是人的理念、意识形态、社区关怀或者政治理念。它定义了我们的生命意义，以及我们选择的人生目标。叛逆企业会拥有共同的价值观，并借此激励自身员工，这种企业的员工自然会以自己的工作为骄傲，积极地贡献出一己之力。

——奇普·康利

对大多数大型企业而言，首要的管理目标应该是掀起革命。

——约翰·科特，哈佛商学院教授

战士和凡人的差异在于，战士把每件事都当成挑战，而凡人只会把每件事归于运气。

——卡洛斯·卡斯塔尼达

美国人类学家兼作家

企业要如何区别违抗命令和创业精神？差别只存乎一心。

——戴维·帕卡德

惠普公司创办人之一

二 热情——激励力

热情是叛逆创业家持续推动愿景的动力。充满热情的叛逆领导人能够营造出绝佳的工作氛围，因为在这种氛围中工作的人都会受到愿景的鼓舞，并决心尽一切努力去达成愿景。

充满热情的叛逆企业会把良好的工作氛围视为自身标志，最后也势必营造出“工作时拼命工作，玩乐时尽情玩乐”的理想工作状态。这种企业的工作环境是员工共同目标的延伸，这项目标就是实现愿景。所以员工的工作态度与众不同，并且充满热情。

1. 打造梦想家

叛逆企业就是培育梦想家的摇篮，这些梦想家深信，自己能够做些挑战传统观念的事情。于是，叛逆企业的工作环境不只是日常运营的场所，更是企业塑造品牌并把品牌推广到全世界的其中一环。

最重要的是，在叛逆领导人带领的企业中，总是可以见到一个鲜明的特征，就是这种企业不希望员工凡事只懂得照章行事。叛逆领导人反而会鼓励大家积极地投入眼前的每一项工作。

叛逆企业的做法包括下列几项：

（1）找出精神领袖——通常会有特定人物成为企业文化的精神领袖和代表者，这个人可能是企业创办人、现任总裁、个性鲜明的人物，或者就是最能体现叛逆企业理念的人物（如美国西南航空董事长赫布·凯莱赫）。

（2）培养企业文化——人力资源部门的工作重点不再是制订规章，而在于培养和强化企业文化，有些公司甚至会把人力资源部门更名为“人员部”或者“员工发展部”。

（3）运用企业文化培养计划——计划可以不拘形式、因地制宜。例如，企业可以定期开办企业大学课程、资格认证考试等。或者也可以每季度举办一次员工表扬大会，奖励工作态度特别端正、表现特别优异的员工。

（4）设计激励措施——例如，有家电子商务公司用全新的哈雷摩托车奖励达到超高业绩目标的员工。还有一家公司会租用宝马轿车，供绩优员工使用一年。

（5）精心安排特殊活动——比如在高级餐厅举办员工聚餐、在主题乐园开展家庭活动、大举“占领”当地冰淇淋店，以及观赏当地职业运动比赛等。

实际上，不只是叛逆领导人自己充满热情，他们还会设法鼓励员工，让员工每天都能充满同样的热情。这样做可以在企业上下建立持久、难忘甚至难以磨灭的企业文化。

2. 叛逆企业用客服打前锋

那么，建立充满热情的企业有什么好处？一般而言，叛逆企业可以享有两项重要而持久的竞争优势，从而建立良好声誉。这两项优势是：

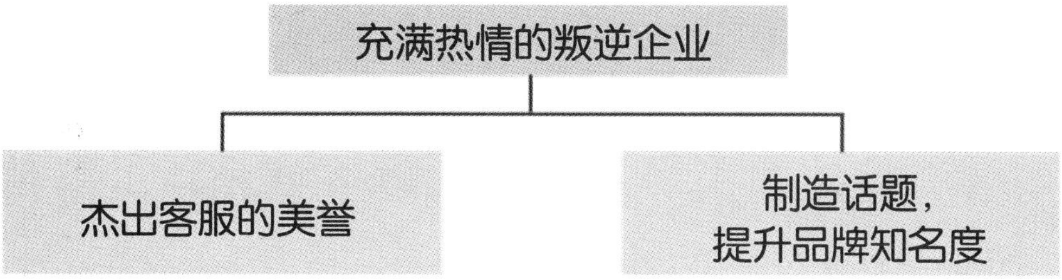

许多叛逆企业在所属行业都以卓尔不凡的服务著称。他们会通过下列方法提供卓越的服务：

（1）前线冲刺。

◎ 授权热心服务的一线员工，尽一切努力给顾客提供绝佳服务。

◎ 把握“关键时刻”，也就是顾客判定公司好坏的时刻，并且建立应变机制，妥善地管理这些时刻。

◎ 找出更适当的方法，让新顾客和企业在第一次接触时能够感受到人性化服务，并获得更多价值。

◎ 要求员工随身携带服务手册，手册中详细地记载企业的客服做法，以及企业对客服的承诺。

◎ 让高级经理人有机会每周同顾客进行面对面的交谈。

◎ 设法和不再造访的老顾客联系，了解他们转向竞争对手的原因。

（2）后勤支援。

◎ 教导员工怎么有效地体会顾客想法，让员工能提供超出顾客预期的服务。

◎ 让顾客有机会参与新一代产品和服务的研发。

◎ 不断地调整、修正客服流程。

◎ 请顾客评选出服务最佳的员工，并且用合适的方式奖励获选员工。

◎ 进行顾客意见调查，了解顾客希望公司在哪些方面获得改进。

◎ 允许员工使用公司资金来处理客户投诉。

◎ 给顾客提供方便的投诉渠道，比如免费电话、官网等。

◎ 举办客服学习活动等培训课程，让员工能在远离日常工作压力的环境下学习。

◎ 请顾客向亲朋好友推荐自己的公司。

◎ 要求企业的高级经理人亲自使用本企业的产品或服务。

◎ 留意顾客对于到货时间的急迫需求，想出实际办法做到“保守承诺、超凡实践”。

◎ 在企业里培养“客户投诉大师”，让顾客可以很方便地跟这位大师联系，直接向他表达任何的抱怨或赞赏意见。

叛逆企业会倾听顾客的需求，向他们提供卓尔不凡的服务。

3. 制造话题，提升销售

精明的叛逆企业一般都了解，营销是感性而非理性的过程，他们因此会创造机会，让自己和顾客之间可以产生真诚而热切的情感联系。或者换另一种说法，顾客会为产品制造“话题”。用最简单的方式来说就是，当市场上的早期采用者试用了公司的产品，并且随后向亲朋好友大力宣传的时候，话题就开始传播。这些人接触到的人际网络越广，或者公司强化正面意见的能力越强，话题就能够蔓延得越快。

事实上，话题是叛逆营销最极端的表现，因为它能够带来各种好处，例如广泛传播、快速灵活、有说服力、难以压抑，而且成本非常低廉；话题同样也是许可营销（顾客同意企业向自己进行营销）和病毒式营销（由顾客带来其他顾客）的基础。

为了制造话题，叛逆企业的领导人会做下列几件事：

（1）设法营造公司产品供不应求的形象——物以稀为贵，因而我们会认为大家都想抢购。正因如此，叛逆企业会故意让公司产品很难到手。

（2）满足顾客的自尊心——每个人都希望别人能讨好自己，把自己捧在掌心。叛逆企业会设法带给顾客真正难以忘怀的消费体验，并且让顾客方便四处宣传。也就是说，叛逆企业会给顾客提供方便的渠道，使他们向亲朋好友分享自己获得的体验。

（3）使用鲜明的故事或代言人——“小虾米”、个性鲜明的人物和企业标志最容易引发话题。叛逆企业会把自身产品转化为一场“圣战”，还能让顾客化身为更大规模营销攻势的“尖兵”。这些企业把商业交易人性化，并且创造出大家都能有切身感受的故事，因为他们和参与“圣战”的顾客紧密联系。

（4）避免大力宣传，保持一定的神秘感——矛盾的是，公司如果对运营计划秘而不宣，或者在产品推出时刻意不进行大力宣传，反而往往能够制造话题。叛逆企业深谙此道，所以很懂得故意让媒体猜测自己私下正在酝酿什么事情。整个营销计划弥漫的神秘气氛会引发无数的话题和猜测。

关键思维

以前我总认为，只有能够像马丁·路德·金一样伟大才会有梦想。因为我没有那么伟大，所以我认为自己没有梦想，顶多只能追随梦想家的脚步。但现在我的想法是：人因梦想而伟大，梦想会让人伟大。就是有那种追求梦想的热情，才会吸引周围的人和必要的资源来共同完成梦想。

——芭芭拉·渥芙

惠普实验室全球人事经理

媒体会因制造话题、传播话题、依赖话题而存活。叛逆企业可能利用病毒式营销和许可营销来推广自己的诉求，但要让品牌在最短的时间内行销全世界，就要懂得如何聪明地运用媒体。叛逆企业会运用文案宣传、设计媒体形象等方式，但始终忠于自己的产品。

——奇普·康利

三　直觉——判断力

叛逆创业家天生就有过人的直觉。他们拥有与生俱来的判断力，能够一眼看穿令人迷惑的表象，找出真正的挑战和机会，而这些挑战和机会最终会决定成败。

由叛逆创业家领导的企业比一般企业要更重视探索未知，而不仅是满足于已知。换句话说，知识固然重要，但是智慧，也就是正确运用知识的能力更重要，这也是企业直觉真正的力量。精明的企业无时无刻不在学习，会不断提问、质疑各种假设，并且热衷于发掘各种成长和改进的机会。

1. 打造知识宝库

对叛逆创业家来说，直觉的意思是知道什么时候应该挑战传统观念，什么时候不应该。经营的直觉是学不来的，但是绝对可以从吸收知识开始培养，因此叛逆企业总是希望能一天 24 小时不断学习。

明确地说，叛逆企业可以借下列方法建立知识库，保存公司的经营经验和实用技能：

（1）采取开卷式管理——让企业上下所有成员都能更加了解企业的运营动态。

（2）情景模拟——鼓励员工学习情景模拟以及想象未来的技巧。

（3）利用“即时信息看板”——公布企业即时的重要运营信息，例如营业收入状况、财务目标、本年度至今的进度、客户投诉等。让大家更深入了解企业现状，就等于授权大家参与企业业务的推广工作。

（4）开办培训课程——安排世界级的培训课程，甚至开办企业大学。

（5）标杆管理——设计严谨的标杆管理方案，因为追求进步的最佳途径就是持续评估绩效。

（6）知识分享——让员工有机会向大家分享自己的知识，比如开“头脑风暴”会议、鼓励员工定期轮岗，以及组成项目小组深入研究竞争对手等。

（7）善用新人的眼光——鼓励新进员工用他们全新的眼光审视企业的运营措施。要留意新进员工对企业的第一印象。

21世纪职场的一大特点是，员工乐于学习新技能，提升自己的职场价值。叛逆企业会善用这个特点，营造出学习动机强烈、学习气氛活泼的环境。尽可能提供给员工实务知识，让所有员工渐渐习得必要的基本技能，作出更适当的决策。经过一段时间，员工自然就会变得更为优秀。员工的经营直觉精进了，整个企业就会变得更为老练，自然也会取得更大进步。

2. 超越传统

叛逆企业也了解，精进直觉最有效的方法之

一就是超越传统。企业有了亮丽的成功纪录，想要吸引业务成长所需的资金、人才和知名度就容易多了。

然而，成长本身就是一连串的挑战，力求成长的企业必须在面临成长瓶颈时，做到下列几件事：

（1）提升人力——新创时期员工拥有的技能可能不符所需，必须予认提升。经过一段成长时间后，企业通常必须招揽经理人和其他具备更优异技能的员工，带领企业追求进一步的成长。

（2）提升决策力——如果企业里有决策权的员工缺乏常识，没办法准确判断形势，那么这些人最后可能只会按照自己狭隘的想法做事，无法有效推动企业成长。

（3）从错误中学习——如果成功来得太快，企业可能来不及培养必要的技能，维持长期成功。从错误中学习，是精进直觉、培养智慧的最好方法。

（4）充分授权——许多创办人会将业务一把抓，使企业其他经理人可能没有太多机会在企业成长的过程中贡献一己之力。

（5）靠实力延续初期的成功——人们大多同情“小虾米”。所以新创企业在挑战市场上的老牌竞争对手时，初期可能获得广大的支持。一旦获得初期成功，这些支持可能就会消失。届时，这些企业的产品或服务就必须自立自强了。

（6）随时协调经营理念——提供资金的合伙人可能对企业有不一样的要求，他们可能希望企业钱赚得越多越好。这种要求跟企业创办人不同。企业创办人可能对创造让大家广为宣传、爱不释手的产品更感兴趣。这种经营理念的差异可能引发企业内部的冲突并带来挫折感。

（7）在股东利益和经营利益之间寻求平衡——如果企业上市，就会面临每季营利的压力，即使这种要求不符合企业产品的生命周期。一般股东对企业的期望可能过高而难以达成。

（8）制订奖酬办法，留住人才——如果企业为了留住员工提供股票选择权，而选择权的履约价格却高于股票现在的市价，那么选择权对员工就不具有吸引力。要留住员工，可能还需制订其他奖酬办法。

（9）避免因资金宽松而任意挥霍——白手起家的企业资金比较匮乏，如果突然获得额外的运营资金投入，就可能发生问题。这些企业可能做出愚蠢的事情，比如花高价开发新顾客，但是新顾客却会被其他企业提供的优惠条件吸引走，无法成为长期顾客。

（10）不要随波逐流——叛逆企业成长后可能失去优势，这项优势就是差异化的特点，来自创办人在新创期的策略重心。当企业从新创企业成长为中型企业后，应该更小心地维持最初为企业带来成功的优势，避免随波逐流。

基本上，叛逆创业家如果缺乏愿景、热情、敏捷和优异的直觉，就可能无法成功起步。一旦企业运作更加成熟且员工更有经验后，还必须增添虚心和同情心。缺少了这些额外特质，经营直觉就会蒙上一层阴影，让叛逆创业家与最初让他们成功的特性渐行渐远。结果可能是企业开始从成功的峰顶向下滑落。

3. 鼓励变革叛逆

虽然大多数叛逆创业家经营的都是小型企业，但是经营稳健的大型企业同样可以鼓励员工尝试各种叛逆做法。过去一些市场上最供不应求的成功商品都是由大型企业的叛逆人物不顾主管指示，私下自行研发成功的，比如 3M 的便利贴、惠普的示波器显示屏等。

企业要怎么鼓励企业各阶层采取更多叛逆做法，同时又不至于造成企业混乱？可以采用下列方法：

（1）不要直接叫他们“叛逆人物”——改用“变革推手”这样的说法。这样大家对他们的所作所为就会另眼相看，看法会更正面。

（2）带头消除内部恐惧——要让所有员工清楚知道，如果他们勇敢地跳出来说出内心真实的想法，绝不会因此遭到羞辱或开除。营造适当环境，让大家能够完全放心，大胆提出可行的非传统点子。

（3）鼓励有想法的员工争取支持者——企业里的叛逆人物往往需要争取高层支持者。变革很可能直接影响某些人，高层支持者可以保护叛逆人物，使他们免于反对变革的压力。如果能够让员工和主管携手推动变革，主管就比较愿意挺身而出保护员工。

（4）建立完善的内部沟通方式——让所有企业成员都能利用电子邮件等数字通信方式相互联系，这样叛逆人物才有机会发出声音。

（5）把自己当成创投家——让大家踊跃提出好点子，然后拨少许经费资助其中最好的点子。投入一些资源，看看能产生什么效果。

（6）成立“叛逆人物”俱乐部——把新项目

交给这个俱乐部，在那里，他们可以营造适合自己的环境。让叛逆人物成为企业里的异类。

（7）设定目标和标杆——明确设定新产品和服务的营业收入必须占总营业收入的比例，并且鼓励所有员工投入精力达成目标。

（8）举办公开的“头脑风暴”会议——让所有员工都有机会公开评论现有的产品和服务。运用大家不同角度的观点，看看会不会产生什么新奇的点子。

（9）创造培养创业家的摇篮——开办课程、规划培训计划和研讨会，让叛逆人物学习开发新产品的必要技能。

（10）肯定企业里成功的叛逆人物——对企业成员引领创新或者打破陈规的成就要公开赞扬。越公开肯定这些成员的成就，越能吸引其他人效仿。此外，还应该提供金钱方面的诱因，让构思点子的成员能够分享到点子成功的成果。只要有一两次盛大的奖励活动，就可以激励所有成员开始努力实现自己的构想。

4. 给叛逆人物提供充电机会

叛逆创业家如果希望长期保有直觉，就要避免让精力消耗殆尽。这意味着，叛逆人物必须要有解压渠道。这可以让他们暂时逃离工作压力，重新充电，保持敏锐的直觉。

明智的叛逆创业家为了保持良好的均衡，避免对自己过于苛求，会做以下4件事：

（1）经常回归初心——把长期的混乱和伪装一一解除，再次把注意力放在真实的自我以及自己的基本价值上。

（2）找到有效方法释放压力，例如：

◎ 漂亮完成工作时就犒劳自己。

◎ 勇于对其他杂事说“不”。

◎ 用幽默、反讽还有些许超脱的态度看事情。

◎ 定期安排假期放松自己。

◎ 利用充电时间好好思索。

（3）放长假——利用较长时间离开现有环境，体验从未经历的新鲜事。

（4）指导后进——指导或指引后进，不论是有意跟随自己职业生涯脚步的新人，还是投入完全不相关领域的人。这样叛逆创业家就可以通过别人的眼睛重新审视这个世界。

关键思维

一件事的代价是以牺牲多少生活来衡量的。

——亨利·戴维·梭罗

美国作家兼哲学家

我的生活就是我要传达的信息。

——圣雄甘地

你的人生就在不停的规划中流逝吗？

——约翰·列侬

直觉是很难传递的。指示是一回事，指导别人又是另一回事。指导或教导是必须投入很长时间的，许多叛逆创业家并不愿意花这么大功夫。

此外，凭直觉的经理人不见得都长于规划，所以新培训计划很可能都是纸上谈兵。

——奇普·康利

叛逆创业家很懂得如何增进自己的聪明才智。愿景能够为叛逆创业家指引正确的方向，热情能够让企业持续前进，而直觉能够帮助叛逆创业家在信息不足甚至面临极大困难的情况下依然规划前进的道路。有些人称这种能力为“生意经”，有人则说这是“不屈不挠”。我只知道，这些都是商学院里学不到的东西。

——奇普·康利

四　敏捷——行动力

叛逆创业家天生喜欢追求绩效、雷厉风行。他们随时准备调整轨道、随机应变、设定优先顺序并且保持高度弹性，只求能够不断往前迈进，实践愿景。

努力追求绩效的两股力量——敏捷和专注恰好可以相互平衡，为叛逆创业家打下所有基础，去稳步追求愿景。失去良好平衡，愿景、热情和直觉就无法配合，发挥作用。保持平衡能够确保各项行动一开始就打下稳固基础。

1. 训练敏锐的反应能力

敏捷让叛逆创业家能够保持平衡和机动性。少了敏捷，愿景、热情和直觉也起不了什么作用。其他特质创造的动力必须靠敏捷的引导才能发挥效用，创造实质成果。

在过去，商场如战场，大型企业在战场上短兵相接，然而今日的商业环境已经大不相同。只有针对竞争对手的一举一动以及顾客需求的演变，以最快速度反应出招，企业才能蒸蒸日上。在这样的环境里，敏捷已经是叛逆创业家极为重要的特质。

叛逆创业家可以借助以下方式提高自己的敏捷度：

（1）庆幸失败——把失败当成原本可以解决重大问题的方案，只不过这些方案略带瑕疵罢了。

（2）成立“人力派遣中心”——底下拥有一批训练有素的人员，可以随时待命前往一线，满足顾客的要求。

（3）企业扁平化——只设立少数几位经理人，缩小顾客和高级经理人之间的距离。

（4）广纳意见——倾听供应商、合伙人和结盟伙伴的意见。

（5）经验转移——把在其他行业成功运作多年的运营模式套用在全新的行业上。

（6）集思广益——让两个不同的团队各自为企业制订长期的发展策略，比较这两套策略各有哪些优缺点，然后取长补短，规划出绝佳的策略。

（7）走出办公室——去和那些不满意的顾客谈谈，因为客户投诉最能凸显企业的不足之处。

2. 网罗叛逆好手

那么对企业来说，招揽叛逆人物最有效的方法有哪些？可行的方法包括下列几项：

（1）通过与过去不同的媒介——与其在报纸上刊登招聘广告，不如留意那些在聆听高级经理人谈话时，能够抓住企业愿景的人。未来最佳的叛逆人物就是那些在聆听这类公开谈话时，能够强烈认同企业愿景的人。给这些人物提供就业机会，让他们有机会落实企业的愿景。

（2）把所有员工都变成招募人员——询问企

业的供应商、顾客、承包商等，看他们知不知道有哪些不按常理出牌的人。同时也要与竞争对手的重要人员维持良好关系，因为他们可能乐意转而为你的企业效劳。

(3) 找到有效方法，试用有叛逆潜力的人才——在正式雇用之前，先用几个月时间聘请他们当约聘人员或者顾问，让企业可以先行了解他们到底合不合适。

(4) 运用与过去不同的面试技巧——看应试者有没有解决问题的能力，不能只是简单问答。让有叛逆潜力的人才展现实力，看看他们在压力下的表现。叛逆人物在这种情况下的表现通常会让人眼睛一亮。

(5) 一开始就提出职业生涯发展规划——顶尖的叛逆人物希望在职场上能有很大的发展空间，因此在招揽有叛逆潜力的人才时，要强调他们能有什么发展，仔细说明所有可能的晋升渠道。真正的叛逆人物会马上抓住机会，展现自己的才能。

3. 留住叛逆好手

当然，想要成功建立叛逆企业，招揽叛逆人物其实只克服了前半段挑战。接下来，必须设法留住这些叛逆人物，并且激励他们把自身才能发挥得淋漓尽致。

最能激励叛逆人物的方法有下列几种：

（1）不要凡事都管而让人感到窒息——企业领导人只要清楚说明自己的期望，然后放手让叛逆人物规划详细做法，这样叛逆人物就会有最好的表现。如果事事都交代清楚，或者坚持一定要按照企业指定的方式进行，叛逆人物就会觉得手脚受到束缚。

（2）采取价值导向的领导方式——如果企业能够追求自身和所有叛逆人物引以为傲的事业，大家自然会对企业产生强烈认同。企业的叛逆人物也就不会见异思迁，而会热情地投入精力。

（3）创造持续学习的机会——叛逆人物要靠

学习的机会不断成长，学习的内容越丰富创业精神就越高。一旦叛逆人物感到自己再也学不到新事物，就会开始考虑变通。

（4）强调生活品质，而不是生活水平——叛逆人物重视自由甚于金钱。如果企业能让叛逆人物有机会提升生活品质，他们就会有更好的表现。其实有很多事情是不必花高价也可以达到同样效果的。

（5）尊重叛逆人物，把他们当成独特个体——叛逆人物希望自己能够在工作经历中留下个人印记。让叛逆人物有机会好好发挥，但是不要摆出一副施恩的姿态，这样他们就会热切地投入自己的工作。

（6）让所有成员了解企业现状——现在是信息时代，叛逆人物会希望企业能配置各种软硬件设施，时刻与他们沟通。在叛逆人物看来，“企业机密”的概念不仅不合时宜，也根本没有必要弄得这么复杂。此外，叛逆人物深知，要成为绩效高手，就必须掌握所有资料。因此，如果希望企业的叛逆人物持续努力并且创造绩效，就要让他们充分掌握所有信息。

4. 张开双臂，积极拥抱叛逆人物

最后，凡是积极雇用叛逆人物的企业，其工作环境必定高度多元化，而且员工反应灵敏。有效管理意见多元的工作环境有时是一大挑战。

要有效管理和疏导员工的各种不同意见，可以采取以下做法：

（1）认识到人各有志——例如，让每位员工挑选一个对自己有特别意义的日子当作一年一度的“庆祝日”。在那一天，员工可以安排一项企业全体参与的活动，向大家说明和这个日子有关的事物。

（2）让员工为老板打分——要求员工指出，有哪10项管理或领导特质是他们最希望在你身上看到的。然后每6个月左右要他们为你在各个方面的表现打分。这样做不仅能带来工作乐趣，还能让所有员工注意到领导层面的问题。

（3）让团队自行决定执行办法——放手让团队自行想出更好的新做法，不要强制要求员工执行共同作业。这样做可以让员工的个人潜能发挥出来，并且使他们获得肯定。

（4）举办“一日叛逆人物”活动——每个月指定一名员工当一天的叛逆人物，允许这名员工在这一天提出至少十几个颠覆传统的新点子或变革方案，这些点子都是这名员工希望实现的。通过这个活动，不同背景的员工就有机会提出一些创新的点子。

关键思维

如果你是在建造空中楼阁，那不见得是一场空，楼阁本来就应该高悬在空中。现在要做的事就是在楼阁底下打地基。

——亨利·戴维·梭罗

美国作家兼哲学家

怎样才能知道自己是不是叛逆人物？叛逆人物奉行的信条是："越多人说做不到的事，我就越想做到。"请上天眷顾这些叛逆人物。少了这些疯狂的傻子，我们的世界将会多么单调乏味。不管你是不是叛逆人物，只要是自己下定决心做的事，一定要乐在其中。

——理察德·布兰森，维京集团总裁

卓越领导的技能

Know-How

The 8 Skills That Separate People Who Perform From Those Who Don't

原著作者简介

拉姆·查兰(Ram Charan)，毕业于哈佛商学院，曾于哈佛商学院任教，并且与多家企业的高级管理团队合作，例如通用电气、威讯通信、杜邦、荷兰皇家航空公司、美国商业银行、家得宝等，现为企业管理顾问兼演说家。查兰与包熙迪曾合著《执行力》以及《应变》，并著有《CEO要你知道的事》、《经营成长策略》以及《成长力》等书。

本文编译：李振昌

主要内容

主题看板

卓越领导的关键概念

领导能力涵盖范围广泛，管理类别千头万绪，有数不清的理论来厘清管理精髓。要成为卓越领导人，必须切实掌握8项管理技能，并且详细列出每个技能的主要参考坐标：什么时候行动？采取什么行动？怎样评估绩效？

绩效卓越的领导人（Leaders Who Perform）

领导人和经理人的差别在于二者达成目标的方法有所不同。经理人激励员工的方式是奖惩，领导人则是用股权及鼓舞；经理人紧盯目标与项目完成期限，领导人则看重愿景与价值；经理人致力于降低成本、减少浪费，领导人则追求创新与能力的发挥；经理人把事情做对，领导人做对的事情；经理人评估绩效的指标是获利能力与顾客满意度，领导人则会再加上员工成长性与满意度。成为卓越领导人并没有固定做法。培养出许多卓越领导人的西点军校采取的是 4 阶段的领导训练：第 1 阶段是强化团体向心力，教导新生认同团体的价值体系。第 2 阶段是帮助个人找到自己在团体中的定位。第 3 阶段是教导学生建立足够的自信和必要的领导技巧。第 4 阶段则是行政领导，教导学生如何为团体谋求长远利益。领导大师本尼斯曾说：“成为领袖并不容易。但学习如何领导远比想象中容易。因为每个人都有领导的潜力！”毕业于西点军校的麻省理工学院董事会主席米德也认为：“在 100 个人里，大约有 10％是天生的领导人。原因或许在于他们的成长环境或者家庭因素……接下来的 80％或许有一些领导潜力，但是还没有被发掘。对这些人来说，学术理论对他们有帮助，实际领导经验则帮助更大。除一些天生的领导人外，我相信领导技能是可以传授的。与其说传授，我更宁愿用激发这个词，领导力是可以激发出来的。”

领导人的人才库（Leadership Pipeline）

麦当劳创办人克罗克曾说：“我的企业之所以成功，主要得益于我的洞察力，即能够选择合适的人才来接手职位。”从字面上来看，“Leadership Pipeline”就是领导人才的补给线。这条补给线包含纵向与横向两个方面，在“CEO、副经理、领导人、经理人”这条纵向网上如果有任何位置出现空缺，都必须有人选马上替补上来，这样才能维持企业的运营能力。另外在横向网上则是“量”和“质”的问题，例如当领导人的位置出现空缺时，有多少经理人可以替补上来，这些经理人在各方面的能力又有多强。建立领导人才库的重要性可以从以下几项数据看出来：博思管理顾问公司的研究报告显示，内部提拔 CEO 的企业，其营业利润增长比空降 CEO 的企业高出 1.9%。另外，人力资源专家拜厄姆认为：“虽然多数企业都以向外寻求人才为优先考虑，但是根据调查，企业由外部引进人才作为接班人的失败率高达50％～75％。因此，企业必须认真考虑如何有效地从内部培养人才。”

福特六和是许多人的理想雇主，他提出的“接班人计划”是极具吸引力的要务。这项计划的做法是：中高级主管通过人员发展委员会，从同事或下属中寻找自己职位的接班人，一旦自己另有任用，就有适当人选能在第一时间接班。长安福特马自达汽车公司总裁沈英铨曾任福特产品开发技术部副总经理，当时他希望转任客服处，可是公司认为他表现优异，担心没有合适的接任人选。沈英铨学到：永远要培养接班人，而且把接班人训练得比自己还强，这样自己才有机会调动。沈英铨指定时任产品开发技术部经理的杨朝彰接任自己，并且告诉杨朝彰：“你现在就要开始思考当副总经理要具备什么样的能力。”5年后，福特六和答应让沈英铨转任，而杨朝彰也顺利地接任产品设计开发处副总经理。

社会体系（Social System）

最早用社会体系概念来研究人类社会行为的是美国社会学家塔尔科特·帕森斯。帕森斯在1951年出版的《社会系统》中阐述了社会体系的3项特性，包括：一是两个人或两个人以上的群体会产生交互作用；二是体系中的成员（行动者）与其他成员处在同一“社会情境”中；三是成员之间会有相互依存的行为，这种行为受共同的目标引导，并且服从共同的规范与认知。现代化企业的组织就是一种社会体系，包含了每位成员不同的思想背景、价值观、认知态度以及行为习惯，这些特质会随着成员的心智成长与环境的变迁产生变化。因此社会体系是动态的，而正确评估社会体系也就成了重要的领导技术。企业里同一职务的权力在不同时期可能产生的实质效果不是绝对的，权力基础或许相同，如：对信息渠道的控制、对有形资源（金钱、设备等）的控制、在特定领域的专业和人格特质，以及与重要人士的良好关系等，但是任何一种权力基础的效用都与社会体系的特性息息相关。领导人在管理时除掌握职位权力外，更应该重视部属的特质、中层管理者与部属间的相互依存关系，以及个别部属的权力等，这样才能顺利地领导开放的社会体系。

5分钟摘要

卓越领导人的8项技能

卓越领导人与平庸领导人的差异在于是否拥有8项技能，每项技能虽然各不相同，结合起来却可以大大提升领导人的能力，帮助领导人创造非凡的绩效。

卓越领导人的8项技能

1. 找到定位
2. 看准变化
3. 领导统治
4. 识人之明
5. 打造团队
6. 设定目标
7. 订出要务
8. 回应舆论

关键思维

要能带领企业面对几十年来最艰难的商业环境，必须做到特定要务，并且扮演特定角色，而这些要务与角色就是领导的技能。这个环境需要的是胸有成竹的领导人。我们永远会遇到各种改变，但是目前改变的幅度、速度与深度往往超越大多数人一生所经历过的。

——拉姆·查兰

由于现在的人才、资本与知识都很容易流通，任何地方都可能出现世界级的竞争对手，这一点从新兴国家纷纷崛起就可以看出来，这些国家都各有独当一面的产业。像 Google 原本名不见经传，却在短短几年内成长为市值达数十亿美元的全世界最有价值的企业之一。市场上不仅有大量机会，同时也有很多陷阱，这些陷阱可能吞噬整家企业与整个产业。试想，我们随便就可以举出几个因 Google 而受到挑战的产业，如广告、广播与出版业。领导技能会遭受持续考验，测试领导人能不能带领公司朝正确的方向前进。

——拉姆·查兰

一 找到定位

定位是企业运营的核心构想，掌握技能的领导人会学习如何为自己的企业找到定位，然后经常重新定位，让公司能够营利。如果不能找到适当的定位，企业的根基就会逐渐动摇。

1. 只要顾客买账，就是正确定位

要判断自己是不是为企业找到适当的定位，其实很容易。如果顾客喜欢企业的商品，企业也可以通过销售营利，定位应该就是适当的。如果顾客不清楚企业从事什么业务，因而不愿意购买企业的商品，那么企业的定位应该就错了。你必须随时不断地增加商品的种类，并且淘汰部分商品，这样企业的定位才能跟上不断发展变化的市场。

下面以报业为例：

◎ 多年来，报社的营利模式相当简单明了，就是尽量多卖广告，以及刊载读者愿意付费阅读的信息。

◎ 后来出现了 Google 等网络搜索引擎，使顾客能按自己的需求搜索信息。顾客越来越多地通过网络获取信息，而主要用在平面媒体的广告预算也随之不断递减，这些预算原本是不会用在数字媒体上的。

◎ 为了应对这种新的竞争形势，报社不能保持过去的定位，而是必须寻找新的营业收入来源、探究可能的新成本结构，以及构思不同的做法，设法创造营利。这是很不容易做到的，原因在于必须以更宽广的视角来观察市场。

◎ 报社或许可以提升读者获取信息的便利程度，不断更新各种新闻资讯，并且推送到 iPad 等移动设备上。这个市场或许可以细分成许多规模更小的部分，每个部分需要的新闻资讯都用不同方式加以整理后推送。掌握窍门的卓越领导人会随时开动脑筋为企业找出其他可行的定位。

2. 市场定位是持久战

找到定位很像一场持久战，而不是一战定生死的对决。同一个产业的不同厂商会采取完全不同的市场定位，这使定位这项挑战变得饶有趣味。任何一家厂商的行动都会产生后续效应，从而使其他竞争对手调整原本打算采取的定位。

（1）什么时候调整定位——要怎样判断企业必须何时更新或调整定位？可以观察下列几项领先指标：

◎ 出现全新的市场利基，而且其规模持续成长。

◎ 开始有新的竞争对手进入产业，并且提供全新类型的商品。

◎ 主要竞争对手大幅度地改变企业定位。

◎ 市场上出现新科技，使得消费模式发生大幅度的改变。

◎ 顾客明显放弃企业的产品，转而向其他厂商采购。

◎ 有新的顾客进入市场。

◎ 企业的市场占有率大幅度下降。

◎ 新的运营模式或管理模式在产业中扎根。

◎ 要达成盈利率的难度超过以往。

◎ 运营现金流量无预警地减少。

◎ 顾客满意度显著下降。

（2）定位技能的两项关键——上述种种早期预警迹象是在提醒你，必须调整企业定位，但是这些迹象常常不明显，很容易被忽略。因此必须寻找合适的资料获取来源，这样才能注意到这些警示信息。

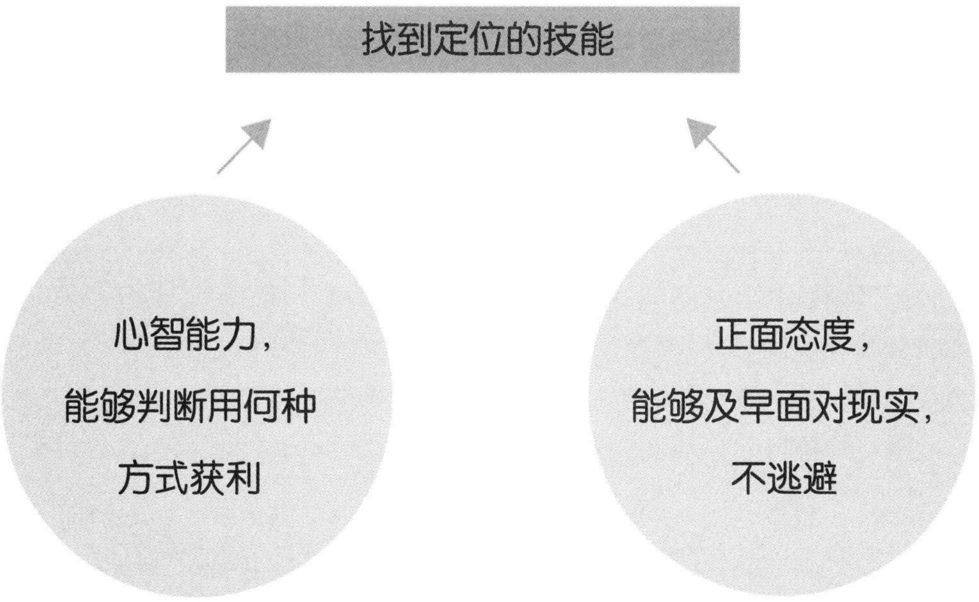

找到定位的技能通常包含两项关键因素：一是心智，要能仔细地分析市场，发掘最佳的营利机会；二是心态，要能及早地面对现实并采取行动，不要逃避。

二　看准变化

卓越领导人会一直走在潮流前端，在竞争对手还没开始反应前就采取行动。这些领导人能够先人一步发觉改变，并且调整出能够适应未来的做法，而不是墨守成规。

1. 要具备一双慧眼

领导技能的第二个方面是“连连看”的能力，也就是要能注意到每天出现的各种线索，从中掌握市场变化的趋势，然后根据线索作出合理的判断，找出企业未来的发展方向。

要把这些线索有效地联系起来，就必须从局外人的角度观察自己的企业与产业，同时还要抛开既有利益，关注整体商业环境中的大小事。如果能够及早地发现变化之处，就有时间去尝试新构想、进行实地测试、应用自身资源，并且在必要时重新调整公司定位，从而让企业站在更有利的位置。

外在变化可能是周期性或者结构性的。根据经验法则，周期性变化是比较容易掌握的，可以暂时搁置；而结构性变化则是长期的。因此，必须采取永久性的应对做法。卓越领导人能够明察秋毫，看出即将发生的外在变化，就像是在辨别变化的模式。能够看准变化的人才通常善于察觉外在环境的变化模式。这种能力让他们能够自信、果断地行事，而与此同时，其他人还在忙着整理、筛选和分析资料。

2. 观察的角度

要辨别出现的新模式，必须能回答下列几个简单明了的问题：

◎ 今天世界上发生了什么事情？

观察目前正在发生的各种变化，设法在心中构建起整体认知。必须补充各种不足的信息，判断在某个领域发生的变化可能对其他领域带来哪些后续效应。

◎ 从自己的参考架构来看，这些变化中哪些对自己有利？哪些不利？

掌握技能的人才都具有自省的能力。必须评估自己为什么以前会错失部分线索，并且采取应对措施。

◎ 那些受到最大影响的人可能会采取哪些应对措施？

卓越领导人会评估各种可行的应对措施，通过不同的角度来观察变化，然后作出合理的判断，得知哪些是最可能发生的情况。

◎ 整体环境的变化对企业与自身策略有什么影响？

掌握整体环境的变化后，接着就可以判断这些变化对企业会带来哪些后续效应。然后就可以规划出可行策略，以帮助企业掌握所有新机会。

◎ 对企业来说，还要出现什么变化才会有

绝佳的新契机？

花点时间了解一下必须等待哪些先决条件。这样才可以判断时机是否成熟，并且了解企业目前的进展。

◎ 企业可以采取哪些措施来积极促成上述变化？

这通常表示要重新调整企业的组织架构，以掌握变化带来的新机会。另外可能也要注意到领导采取的人才培养与治理结构等措施。

◎ 企业接下来应该采取哪些行动？

在消化并处理上述各种信息后，接着就要采取行动。能正确地预测变化，却故步自封、毫无作为，这样的结果只是于事无补。

3. 不断抬起头来看世界

人很容易一头钻进身边处理的事务，从而无视周围其他事物。掌握技能的人才总是不断地精益求精，因为他们能从整体环境着眼来思考自己的运营模式。要享有同样的优势，就必须练就看准未来改变的技能，让自己的企业处于有利地位。这是非常重要的，因为世界随时都在发生改变。

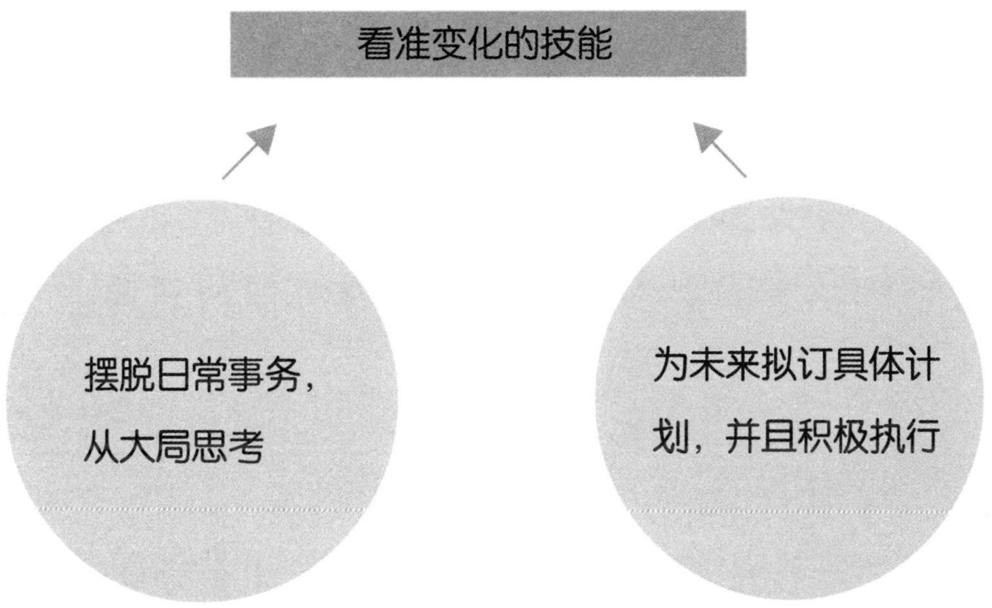

三　领导统治

卓越领导人为了取得绩效，会妥善地管理企业的社会方面。这些领导人会解决问题，让所有员工的努力都能保持步调一致，这样才能达成共同目标，而不会各行其是。掌握技能的领导人会调整企业内部的社会体系。

1. 管理企业内部的社会体系

领导技能的另一个层面就是能让企业的社会体系在必要时取得应有的表现。让员工为共同目标齐心协力是一项非常重要的经营技能。有时候这就像管理一大群猫一样，你可以投入许多精力来管理这群猫，但是猫终究还是只会做自己喜欢的事情。

要管理企业的社会体系，可以从下列两个部分着手：

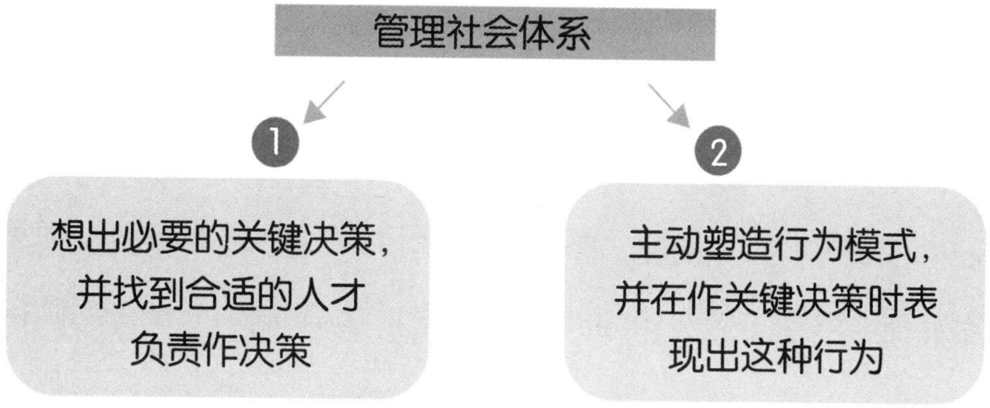

2. 带领企业通过重大考验

掌握技能的领导人能够建立起良好的社会体系，并让其符合企业要达成的目标。如果发生问题，领导人会采取行动加以解决，并运用具体步骤来处理问题。

（1）积极做法——要能积极地管理与改善企业的社会体系，可以采取下列几种做法：

◎ 说明目前的决策过程。

◎ 追踪信息在企业内的流通速度。

◎ 诊断企业的运营机制，以确定各项机制是否都能够创造出应有的运营绩效。

◎ 提供员工激励，鼓励员工改用更有效的

作业方法。

◎ 发起并且引导内部对话，让员工评估各自的决策品质与成果，并提出相应的改善建议。

（2）促成企业采取正面行为——管理社会体系面临重大考验的地方通常就是在碰上“关键十字路口”的时候，这时必须促成企业的信息流通、解决内部冲突、取得企业对各种取舍达成的共识并且作出决策。在面临各种关键十字路口的时候，社会体系促成企业采取正面行为是极为重要的。领导人的责任就是规划并执行能流畅运作的社会体系，而社会体系的运营机制在关键十字路口必须发挥作用。另外也必须保持持续对话，让员工了解哪些行为是企业可以接受的，而哪些不是。

3. 解决企业暗藏的冲突

大多数企业现有的社会体系都是由不同构件拼凑起来的拼装品，不是设计不佳，就是经过长期演变，所以企业往往会暗藏许多亟待解决的冲突。这些冲突会造成企业运营效率不高，还会浪费大家的精力，例如开了冗长会议却无法达成一致。掌握技能的领导人有责任消除这种现象。

你应该经常问自己以下几个关键问题：

◎ 企业目前的运营机制是为了达成什么目标？各机制之间的联系是否健全？

◎ 企业的运营机制中有哪些值得保留？又有哪些应该淘汰并改用规划更完善的新机制？

◎ 哪些运营机制应该彻底重建？

◎ 应该规划哪些新的运营机制，并且把它们整合到企业的社会体系中？

4. 不断调整社会体系

要形成最适合的社会体系，就要根据企业最重要的运营活动进行规划。如果想让经营绩效达成新的里程碑或者焕然一新，就有必要调整社会体系，这样才能经常达成目标绩效。如果不这样做，员工就会因循守旧，而这也表示企业的绩效会停滞不前。想达成不一样的成果，必须调整社会体系，甚至进行大幅度改变。

5. **家得宝的案例**

家得宝在2000年任命纳德利担任CEO就是一个很好的例子。1978年，家得宝从一家店起步，到了2000年，分店数增加到约1100家，并创造出400亿美元的营业收入，由此可见家得宝采取了许多正确的做法。

家得宝的成长也为自身带来了许多潜藏的问题。例如企业太过于强调销售额，忽视了其他评估指标，包括盈利率、现金流量与存货管理等。另外，各家分店的店长自行决定向哪些厂商进行采购，无法充分发挥家得宝的规模优势。纳德利想出一些新做法让企业能够保持成长，同时他还规划出一些新制度，让这些变革能够植根企业，并且持续发展。

纳德利采取的新制度有：

◎ 建立新的内部规划流程，将其取名为“策略性运营与资源规划”。

◎ 每个星期召开两小时的规划会议，并让所有高级管理团队都参加。

◎ 成立新的“店长大会”，讨论新提案并且达成各店长对提案的共识。

由于家得宝实施了包括上述制度在内的新运营机制，其营业收入到 2005 年几乎翻倍，达到 8000 万美元，这也为企业创造了令人瞩目的每股收益成长。虽然纳德利在离开家得宝时的高额遣散费引发争议，但是没有人可以否认，纳德利已经掌握了能够改变家得宝社会体系的技能。

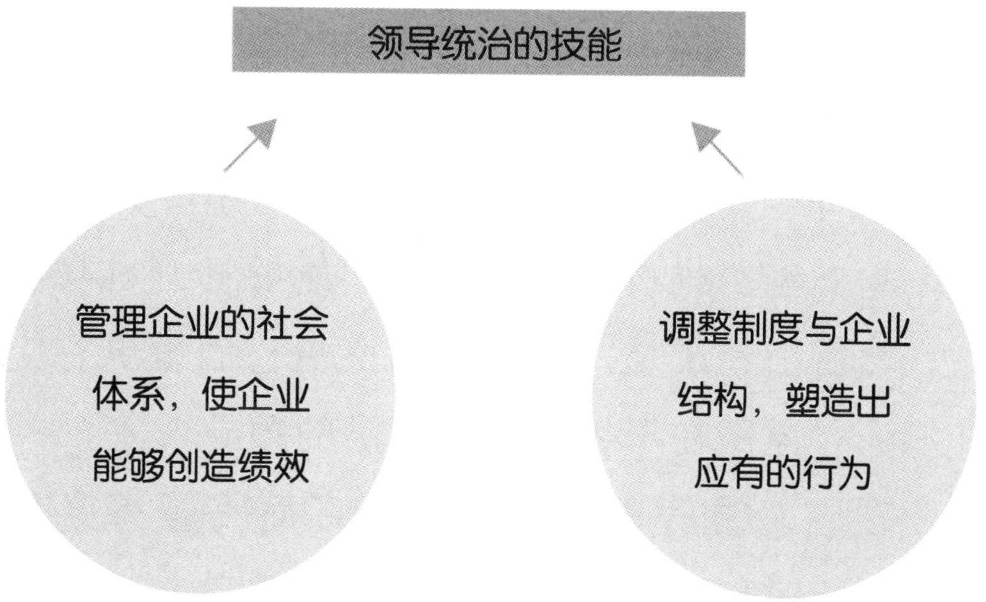

四　识人之明

掌握技能的领导人会挑选出优秀人才，并将其培养成接班人，让这些人才能够在适当时机接替自己的工作。这些领导人会找有执行力的人才组成团队，而不会事必躬亲。

1. 培养接班人

掌握技能的领导人有一项明显特征，就是在他们离开的时候，企业一定比当初他们接任时更稳固。这种领导人有识人之明，能够培养出新的领导人才。他们会积极地寻找有领导潜力的人才，为其创造成长机会，让他们能够提升自身能力，然后茁壮成长。企业会因此更稳固也更有应变能力，原因在于企业拥有充足的领导人才。

领导人的责任是完成任务，而不是事必躬亲。要能时刻做到这一点，唯一方法就是培养领导人才，说得更准确些，就是要建立未来领导人的人才库。

2. **依次做好人才管理**

许多企业会先设定职务内容，再找来适合的人才担任该项职务。掌握技能的领导人则反其道而行之，他们会先发掘具有领导才能的人才，然后规划出职业生涯发展的方向，让这些人才有茁壮成长的空间。这些人才会逐渐承担起更为艰巨的任务，并因此培养出更强的能力，将来在企业中担任更重要的角色。每年只做一次绩效考核是不够的，还必须仔细地观察员工目前的工作能力，针对员工的弱点来分配富有挑战性的任务，以促使员工成长。

那么实际上应该怎么做？你可以采取下列做法：

（1）提升识人能力，发掘员工的领导才能——仔细地观察员工的决策与行为。要记住的是，可能会存在个人偏见，所以必须经常从不同的角度审视自己对员工的看法。

（2）征询他人对特定员工的印象——这样才能对特定员工的正面及负面特征有更全面、更准确的认识。在衡量特定员工能够为企业带来什么效益的时候，要搜集各种证据，探询员工的真实面貌。

（3）做好深入探究的准备，实际了解这名员工——可能要通过数次面谈来观察，或者与这名员工的同事进行深入讨论。在对这名员工下定论前，不要只观察表面现象，而要深入地探索其内在品质。

（4）有效地培养企业的未来领导人——向这些未来领导人清楚地说明，应该朝哪个方向努力才能够成长，以及在目前的职位上又应该达到什么表现。不要太注重他们未来的发展机会，而忽视目前的缺点。帮助员工看清他们目前的表现有哪些方面必须提高，这样才能完全发挥自己的潜力。定期地同员工面谈，指出他们的优点与缺点。长久下来，这种讨论会很有帮助。

（5）制订清楚、严格的标准——让员工真正地了解每项工作要做到什么程度才算成功。如果订出的标准太过繁琐，会造成员工的困惑。要非常准确地锁定真正重要的事务，清楚地说明公司的期望，然后让员工各施所长。

（6）以建设性的方法处理不当的人事安排——在处理人事问题的时候，永远无法保证会产生什么结果。有些人会勇敢地面对眼前的挑战，而有些人则会被彻底击败。有太多可能的原因会造成人事安排不当，但无论如何，应当做好准备，及时处理各种由安排不当导致的问题。或许必须为员工另寻更能发挥他们才能的职位，或者直接向员工说清楚，让其到其他地方发展更加合适。

如上所述，要测试自己是不是掌握了识人的技能，要看自己能不能建立起未来领导人的人才库。不仅要设定明确的标准，用这些标准来评估未来的领导人，也要愿意投入资金开展培训计划。同时，还必须同其他人共同找出未来的领导人，并且给他们指派适当的任务，让他们能够培养能力、增长知识。要让他们广泛地接触各种市场、文化、消费者与运营模式，还要定期地追踪与掌握他们进步的大小。

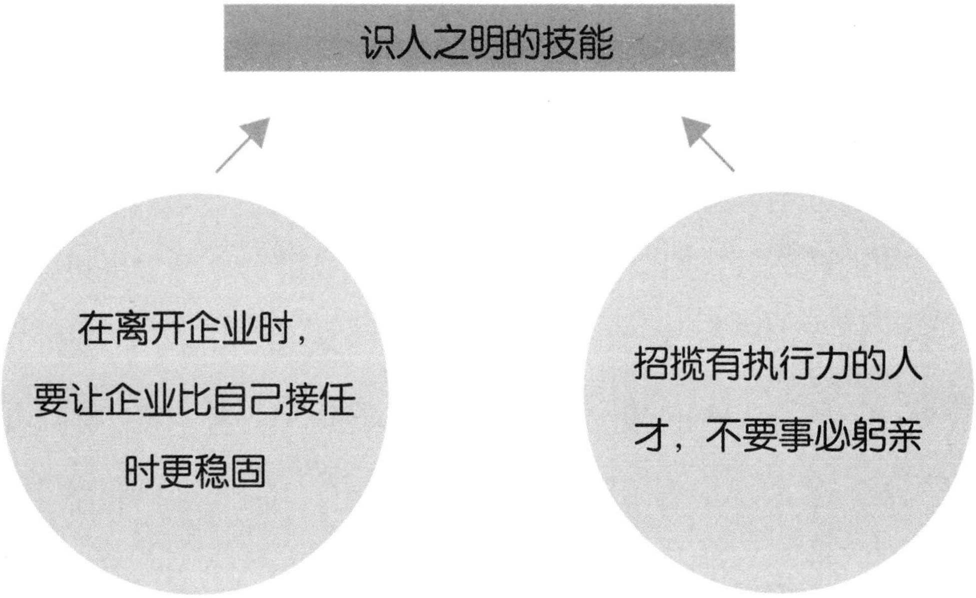

关键思维

卓越领导人之所以能留下美名，是因为他们

能够建立领导人的人才库，让企业的人才比自己接任时还充足，并且借此设立供后来者追随的标准。

——拉姆·查兰

五　打造团队

领导技能中有个很重要的方面，就是要让精力充沛、才能出众的人为企业的整体利益努力，而不是只为他们各自的职业生涯发展奋斗。打造绩效卓越的团队能够为企业带来绝佳机会，可以让企业提升实力，并且加速向前迈进。

1. 只有合作才成团队

在投入时间与精力找到具备聪明才智的人后，接下来的挑战就是把这些人才组合成一支团队，让大家在工作上能够保持步调一致，努力让企业繁荣兴盛。每个人都自然而然地会把精力用在培养自己的专业能力上，但是想要取得伟大成就，就必须让所有人齐心协力。这显然是唯一的方法，只有让绩优人才共同合作，才能产生成效。

要打造通力合作的领导团队，可以采取下列做法：

（1）使团队获得对企业的共同认知——做法是分享自己拥有的各种数据资料。让所有成员都能明确地了解企业运营的基本情况，使大家能够有共同的认知。只有让整个团队都清楚地了解企业的各项运营措施，才能真正让团队为企业带来价值。一定要让所有成员都深入了解企业在市场上的实际情况、面临的挑战，以及拥有的资源，这样大家才能齐头并进。

（2）只要有影响团队效率的行为，都要直接处理——处理这些问题是需要勇气的。许多人会选择避免冲突或者粉饰太平，希望问题会自行解决，这其实都是在浪费时间。只要有成员的行为影响团队的效率，就必须鼓起勇气直接处理，告诉成员企业并不欢迎这种行为，让其自觉改进。

（3）找出冲突并解决冲突，以免冲突影响进度或造成问题——及早预见并解决冲突，就可以避免冲突进一步演变成个别成员间的不和。冲突通常会以下列3种形式呈现：

◎ 工作分配冲突——由谁负责哪项工作？

◎ 流程设计冲突——团队如何完成任务？

◎ 资源分配冲突——团队如何使用企业的资源？

（4）挑选合适的成员加入团队——团队通常由具备各种条件的人才组成，这些条件包括专业能力、果断的态度、落实承诺的能力，以及同事的尊重等。要记住的是，即使招揽了优秀人才，还是必须让所有成员把企业成功放在个人利益前，这样团队才能创造卓越表现。如果有任何成员把个人利益放在团队利益前，那就会造成严重问题。还有些人认为，要从工作业绩突出的个人转变成管理者的角色，然后去指导并且管理他人的工作，这是非常困难的。另外，由于团队会不时地加入新成员，领导人必须在不同的时间点让新成员融入团队，因此寻找合适的人才加入团队会更加困难。一开始时，新成员也许会对现有团队成员之间的关系感到畏惧，觉得自己很难为团队作出贡献。要挑选合适的人才加入团队，上述各种挑战都是必须一一克服的。

（5）提供有价值的指导建议——这样团队成员才能了解自己怎样做才能创造卓越绩效。以书面形式提供即时建议能让指导建议发挥最大效益。只要员工相信你提出的各种建议对他们的职业生涯发展有帮助，他们通常会比较积极地接受指导训练。要打造团队，这些都是非常重要的因素。

（6）有些举动会造成团队的不稳定，要能察觉并加以避免——可能包括下列各种陷阱：

◎ 在人事管理上具有用资金遣散新进人员的心态。

◎ 不敢提出可能引发争论的观点。

◎ 形成“熟悉内情”的小团体。

◎ 不敢提出真实的建议。

◎ 决策朝令夕改。

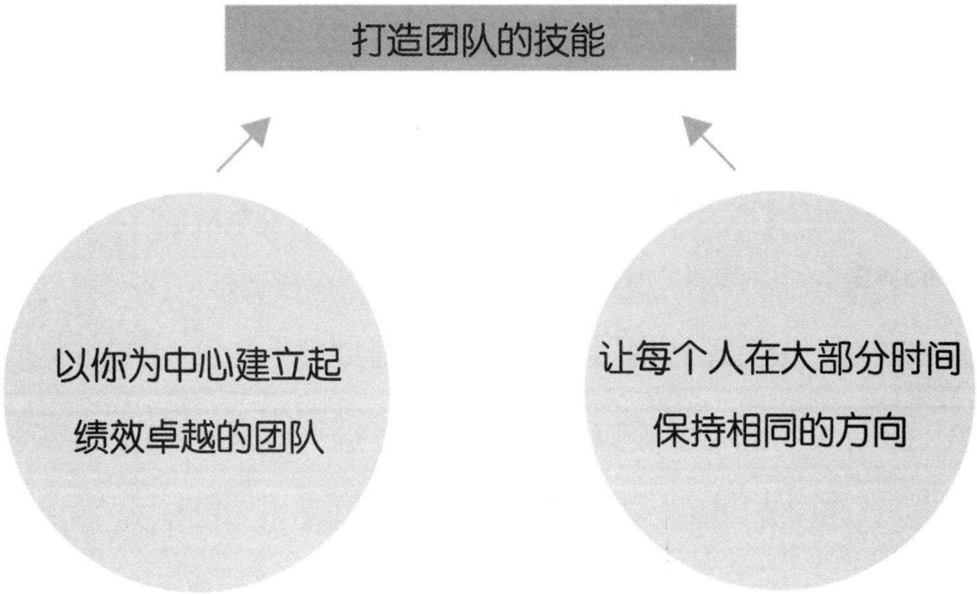

关键思维

打造团队必须付出心血与汗水，只要努力就能获得丰硕的收获。许多领导人认为不值得花费精力打造团队。其实他们错失了大好机会，使得自己的企业无法与众不同，也无法创造非凡业绩。员工越了解企业的各个运营层面、各项作业之间的关联，以及整体运营环境，他们的工作表现就会越佳。

——拉姆·查兰

六　设定目标

设定适当的目标一向需要相当的技术，因为有太多重要而伟大的目标值得企业追求。掌握技能的领导人会从各种选择中理出头绪，然后设定最适当的目标，让目标符合企业目前的经营模式与实力。设定适当目标的挑战性往往超乎想象。

1. 目标要能反映出未来的机会

目标能够凝聚员工，让各项工作顺利完成。如果目标与员工的报酬直接相关，就会产生深远的影响。选择适当的目标就是设法让企业能够均衡发展，因为有太多目标可以追求，而关键就在于均衡。企业的目标必须反映市场上可以利用的机会。另外，企业还要考虑自身有没有能力追求并且达成目标。

设定的目标很容易则过于消极保守。绝佳的

目标必须能让企业妥善地整合各种资源，在合理的时间内取得一定程度的成果。根据过去表现把去年的绩效上调几个百分点是无法制订出绝佳目标的。根据产业或者整体经济情况来预估同样如此。切实又值得追求的目标应该能反映出未来的机会，同时必须是企业有能力和意愿追求的。

在选择目标时，要记住以下几项一般原则与概念：

(1) 选定的目标要能让企业保持均衡发展——因为企业往往会过于专注特定领域而妨碍了自身在其他领域的发展。选定的目标必须让企业在各个重要层面都能有所进展。举例来说，如果只是积极地追求营业额增长，却牺牲了营利能力，这就不能算均衡的发展，这种目标是不可持续的。

(2) 选择目标时要仔细地考虑企业的执行力——也就是说，要考虑一线人员是不是真的有贯彻执行的能力。系统地破坏目前流畅运作的做法对企业而言是没有帮助的。在设定目标时要想清楚应该采取哪些行动、展现哪些行为才能达成目标。

（3）开诚布公地跟负责达成目标的员工对谈——这样才能确保自己的所作所为是在鼓励员工，而不是在打击士气。保持持续对话可以帮助自己确认制订目标的根据是否符合实际情况，以及这个目标是否合理。

（4）尽量设定有挑战性的目标，以激发员工潜力——这样员工才有机会与动力追求成长。找出可以达成的改进项目，根据这些项目设定有挑战性的目标，这会对企业非常有帮助。只要目标能够提供足够的资源并且实际可行，就可以激发员工的想象力。

（5）目标要能跟上市场变化的脚步——这样才能符合目前的实际情况，不要死守目标而不知变通。只要考虑到市场、竞争对手，以及整体经营环境，就会了解到有许多因素不是自己所能控制的。

要勇于在必要时调整目标，这样才能跟上变化。

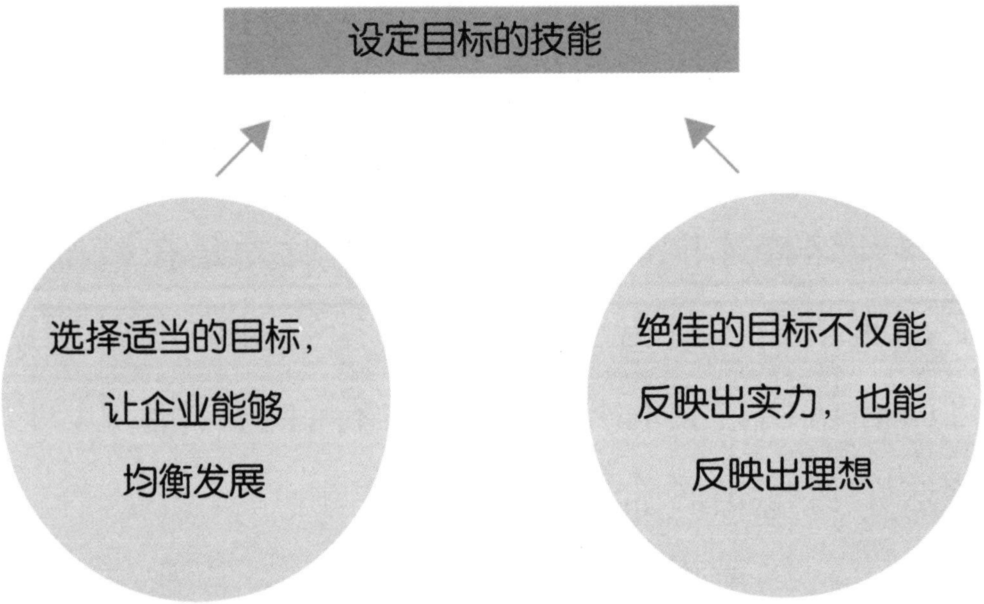

关键思维

执行最重要的步骤在于选择适当的目标，而领导人的责任也正是从这里开始。许多领导人具有深入思考的能力，却未能选择出适当的目标。目标是非常重要的，因为它能够凝聚员工。如何选择适当的目标是一项特殊的技能。

——拉姆·查兰

目标就是你希望带领企业前往的目的地。目标应该反映出未来的机会，以及企业可能的发展前景。经营企业永远会遇到动力与阻力，前者会帮助你更快地达成目标，而后者会让你放慢脚步，但是从一开始就要明确要在多长时间内达成目标。不论是环境改变，还是机会与能力有所增减，都要勇于调整目标。

——拉姆·查兰

七　订出要务

订出优先事务非常重要，这能够让员工了解应该把精力放在哪些事务上，同时哪些事务又是无关紧要的。要掌握技能，其中有一部分就是培养能力，协助所有员工把精力放在真正重要的事务上，并且忽略其他事务。

1. 从基层的角度出发

订出优先事务对企业非常有帮助，因为这样能够凸显真正重要的事务，使大家不会因为日常例行公事而把真正重要的事务抛之脑后。优先事务能够让大家了解明确的方向与努力的重点，同时也是资源分配的依据。

要了解目标与优先事务的差别，一个可行的方法就是记住目标是由上而下设定的，就如同从 1.5 万米的高空俯瞰企业。相对地，优先事务是从基层的角度制订的，基层必须处理许多繁杂琐碎的细节。订出优先事务可以让自己清楚地了解最重要的行动，并且看出自己的决策会造成哪些后续结果。

2. 考虑企业现有的资源

恰当的优先事务能够在企业内部凝聚起巨大的能量。同样，把不恰当的事务列为优先，则可能造成许多异常状况，例如混乱、重复作业、冲突、资源浪费以及士气低落等。设定了适当的目标却把不恰当的事务列为优先，这是很可能发生的情况。要让企业向前迈进，就必须使员工接受恰当的优先事务。

不要忘记，优先事务还是要靠员工来落实，因此，与负责执行的员工进行沟通是非常重要的。想要设定新的优先事务，必须仔细地思考下列几个问题：

◎ 企业有没有适当的人才能够每天执行这些优先事务？

◎ 选择优先事务是根据员工的喜好，还是企业的利益？

◎ 企业有没有明确地支持这些优先事务，把必要的资源投入到有助于优先事务的层面上？

◎ 企业的预算制度是不是和优先事务密切配合，还是有可能造成混乱与冲突？

3. 设定优先事务的原则

对任何企业来说，在设定优先事务时，很难让所有人的意见保持一致。从实际上来说，大多数项目都不外乎以下 4 个象限：

高营业收入增长 低盈余	高营业收入增长 高盈余
低营业收入增长 低盈余	低营业收入增长 高盈余

设定优先事务的目的显然就是要把精力放在右上象限的项目上。而这一过程就是要避免把人力与资金投入到其他象限的事务，而应该多投入

一些资金与精力在右上象限的项目上。

4. **借此机会达成共识**

企业在设定优先事务的时候往往会想采取自上而下的方式，就如同制订预算流程。这种方式并不理想，一方面自上而下的流程可能不切实际，另一方面各个经理人会为了争夺资源而相互竞争。企业应该利用这个机会使大家达成共识，而不是削弱共识。有越多成员了解企业的愿景，企业的表现就会越好。

5. **德州仪器公司的做法**

德州仪器公司每年会召开为期 3 天的会议，制订预算并分配资源，由约 70 位主管来共同设定公司的优先事务，并且让大家达成共识。

按照下面这种密集、深入的流程来制订决策的最大优点在于，员工最后会抛开各自的门户之见，他们会了解到，如果只顾自身，可能会对其他部门造成不好的结果。这也同时表示，所有员工都很清楚决策背后的理由，在未来外在环境发生改变时，员工就更能妥善地调整做法。这一系列的会议是按照下列流程进行的：

由CEO与高级主管说明，他们对于企业未来一年的目标与优先事务的看法

▼

讨论为什么要选择这些目标与优先事务，直到大家达成共识为止

▼

所有与会人员使用共同的试算表与资料库，分几个不同的部分进行财务预测

▼

立刻推进调整，制订并讨论新的目标与优先事务，直到达成共识为止

▼

所有与会人员都能了解企业作出哪些决策、作这些决策的理由，以及每项决策背后的依据

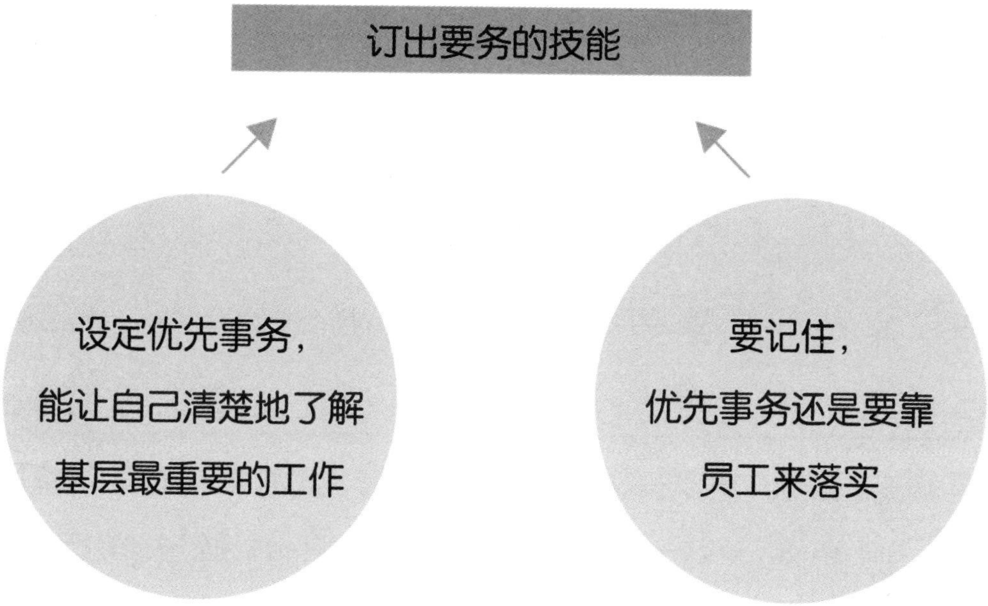
订出要务的技能
设定优先事务，能让自己清楚地了解基层最重要的工作
要记住，优先事务还是要靠员工来落实

八　回应舆论

卓越的企业领导人很清楚社会大众在关心哪些议题，他们会让企业在各项议题上都有适当的表现。因为他们很清楚，企业是无法独立存在的，既然想永续经营，掌握技能的领导人就应该回应社会大众的合理质疑。

1. 倾听外部的声音

无论你喜不喜欢，如今已经是经营必须完全透明化的时代。这表示，除了利益相关者会对你的企业经营方式有意见之外，各种特殊利益团体也同样如此。你绝对没办法把所有时间都用来从事营利这项主要工作，还必须让企业在社会大众关注的议题上展现出适当的表现。

你可能很想忽视特殊利益团体，把这些团体当作实际工作中的小干扰，但是这样做可能很危险。你反而必须找出最近崛起的特殊利益团体，了解这些团体内在的动机以及关注的焦点，跟他们建立关系，回应合理的质疑，并且妥善地处理这种社会压力。跟这些团体打交道时，战场往往是公共舆论，而不是相对严谨的法律体系。因此，正如同下棋，一定要先想好后续的行动，调整企业的自身定位，而不要只忙着回应这些团体的每项批评。

2. 商业竞争的新游戏规则

从企业经理人的角度来看，商业竞争的游戏规则已经发生改变。目前企业面临的实际情况包括：

（1）特殊利益团体无所不管——这些团体会关注你经营模式的各个层面，从企业消耗的自然资源到支付的基本工资，他们都有兴趣过问。只要在任何一个舆论关注的领域出现差错，这些事情迟早都会被人大肆宣扬。不要以为自己可以掩盖海外分公司等地发生的事实，因为这些事实很可能就在最不适当的时机爆发，并对企业造成损害。

（2）透明化治理是既定事实——无论你同不同意，事实就是如此。过去，媒体会筛选自己要报道的议题。今天，谁都可以在任何地方开设博客，紧抓你的企业缺点。为了避免舆论压力，最好不要采取可能让企业蒙羞的措施。

（3）法律与法院总是走在舆论之后——所以不要用“一切行为合法”来为企业的不当措施辩解。合法固然很好，但是大家还是期望你能采取更积极的做法。熟悉各种法律条文对企业并没有太大帮助，最好还是服从立法精神，而不要只是用法律文字来替自己辩解。

（4）不要先入为主，认为政府的介入都是负面的——有时候政府的行为和特殊利益团体的建议相比还是相对温和的。同地方政府建立起良好关系是非常有帮助的。

（5）不要轻易地忽视对冲基金等华尔街团体

的力量——这些团体会运用大笔资金与大量缜密的分析来支持自己想达成的目的。一定要让这些团体了解企业目前采取的做法，以及采取这种做法的理由。如果不能让他们了解，他们就有实力逼迫你采取自己并不喜欢的做法。

（6）要能判断有哪些议题即将成为主流——主动予以应对，不要设法逃避，认为这个风头会过去。规划一些内部机制，让自己在这些议题出现时就能及早发现，从而有时间去思考应对方法，以处理这些议题。如果等到主流媒体都开始

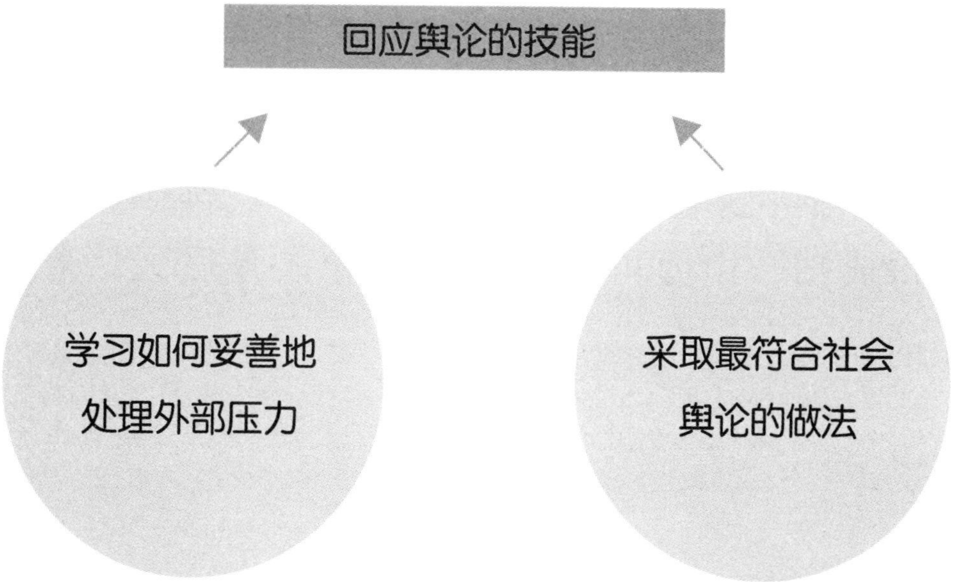

大力报道，可能就会为时已晚。预判议题有个简单的方法，就是定期花几个小时与各行各业的人交换意见，而不只是同商界人士来往。

关键思维

说起来似乎令人难以相信，在选择企业领导人的时候，我们通常都没有考虑到最重要的方面：这个人选是不是具备必要的成功技能？这个人选有没有练就技能的潜质？能不能让技能不断精进？个人特质或许是与生俱来的，但是技能是通过后天学习得来的，是通过实践培养的，而且是要通过经验才能精进的。领导人只要自我要求，有决心、有毅力培养这些技能，就能够持续获得成功。由此可见，卓越领导人是后天培养出来的。

——拉姆·查兰

专家解读

引进新养分，点燃变革星火

文/李欣龙

凭借25年以上在百货经营及品牌顾问方面的丰富经验，学学文创志业董事长徐莉玲对色彩学有一番独到的见解。她认为，色彩是进入美学花园的钥匙和探索时尚基因的密码，她的授课内容不只是掌握生活中色彩搭配的方法，而且是把色彩当成搜寻世界和开发自我的新方式。

这类以色彩为基础的美学相关课程是学学的招牌，至今已开过的课程总数有300多班，约占总课程数的1/4。徐董事长不仅亲自操刀，还联络许多设计圈的朋友一起开课，公司名称加上“志业”两个字，意思是希望结合各领域的专业人才，大家共同打造教育平台，最终一起成就一项事业。

小孩玩大车

从企业管理的角度上看，上述情况很不合理。尤其我的专业背景是营销管理，面对这家企业“生活经济”和“教育事业”的诉求，无论怎样思考都无法理解为什么要做得如此辛苦。身为营销总监，必须及时地解决这个棘手的问题。

学学文创 CEO 于国华在接受网络媒体专访时表明创业动机，表示台湾地区的经济环境已经发生改变，没有办法再只做代工生产的基地，员工不能再只是提高效率和降低成本。因此，通过生活经济来学习，每个人都用最有效率的方法学习。可是，为什么一家民营企业要如此辛苦？连本应该由政府负责的教育平台都要接手？难道学学的发展方向就代表台湾地区看到“即将到来的商机”吗？

学学集合了数百位知名艺术人才，为的是让新一代本地人员从头学习并认识生活，让每个人用五官去感受这个社会。正如于国华所说：“一杯茶，每个人都可以喝出不同的味道，关键是我们有没有教导自己去品尝味道!”我肯定这是学学创造出来的新商机，事实上，这个商机是企业的主要收入；然而，当每次有同事说到“从一点点的讲究开始”时，把财务管理视为企业管理要务的我，神经就开始抽搐，因为我很现实地感受到，企业营利将只会“一点点地浮现”。

豪宅里卖玉兰花

开课是一项复杂、琐碎、昂贵的产品开发，尤其是与文化创意相关的课程；但在传统的补习教育市场上，却必须面临残酷的“价格透明”，即课程钟点费没有下限却有上限。我们开出一堂课1000元新台币的普通价都不是一般学生可以消费得起的，而徐董事长的艺术家性格使她坚持提供最好的课程，而收费绝不打折，这或多或少也阻挡了一些充满好奇的顾客。

我站在办公室的落地窗前，望着设计新颖而现代的装潢，感觉自己像是住在豪宅，平日却靠卖玉兰花度日。我内心禁不住呐喊起来：学学需要创造更多的营利来源！这个文化创意产业的教育平台不能只是一再地用复杂的方式开课。我必须在企业内部推动变革，一方面增加收益的来源渠道，另一方面还要通过营销方式把学学文创推向业界泰斗的地位。

这种想法很宏大，一旦达成，企业的社会地位会得到极大突破，从而提升到新的境界。然而，要在企业内部推动这一想法，既有阻力，也有动力。

走出去寻找火花

阻力来自于经费的支持，“公司初创，资源有限”是主管开会时经常说到的话，但经营公司的首要目标是能够继续存活。我不会用千万预算去寻找代言人，也不会用百万元去举行盛大酒会，所有可以动用的经费都必须依照个案向 CEO 报告，再说服董事长，层层考虑的复杂程度并不比开发新课程简单。

至于可以支援的人力，营销部门已经分身乏术，很难再期待他们能够协助我进行变革。我索性就认为公司在“精神上”支持自己，鼓励我在天南海北尝试创新的变革方法。在这充满创意的平台上，每个人都尊重学习与交换，想在平台上分享知识、进行学习，然后自由地在各个领域跨界，最后培养整合不同资源的能力。这就是我的动力，更是我化无为有的重要参考方法。伴随学学的成长，我也走向外界，随意地到处看看，希望足够幸运，能遇到新鲜的人和事。果然，我在台中市遇到一位69岁的年轻烘焙师傅，他开了两家饼干店，每一样饼干原料都亲自挑选和采购，产品包装也充满创意，上门的顾客都赞不绝口。

这样的门店有太多故事可以讲述，其销售的饼干更值得推广到更大的市场。于是我联想到学学的上百位媒体人、艺人，他们在课堂上、在作品中加进年轻烘焙师的饼干香味，提高媒体曝光度。设计专家可以运用饼干包装作为包装设计课程的教材，从学员的课堂练习着手，让饼干“形见于色”。最终我得到了什么？饼干店因为学学的营销计划而增加的销售金额将提供佣金提成。

复制成功模式

根据同样的逻辑思考，我邀请创投公司董事和总裁前来学学的大楼参观，目的是说服创投基金董事长及经理人把其旗下投资的新创公司搬进来。一旦有新成员加入，就能获得两个效益：一是分租办公空间，降低现有固定成本，这在某种程度上相当于开拓财源的方法之一；二是新创公司因此加入学学的创意平台，既有成员可以因为“新成员”而获得新的激励和养分，从而提高创新能力。从未来的商机来说，这些新创公司将像前面的饼干店一样成为学学营销潜在的主要角色，并有望从各个领域拆解、再包装，最终以极有价值的身份推向商业市场。

有一位创投公司董事长以极简单的理由反驳

了我的构想：他们没有给新创公司的预算，让其能够在一个近乎奢侈的环境生存。我再次想出新方法：以工代赈。信息类的新创公司可以有机会承接学学的信息管理和网站规划；音乐创意相关的新创公司就外包一个音乐课程给他们开发，让他们以经营音乐教室的态度来做。

创意不是靠累积很多东西而得出来的，而是合二为一，把两个不相关的东西融合在一起，从而成为新的成就。我要把这句话延伸到文化创意产业的企业培养上，在不变动现有资源配置的情况下，用融合的方法可以点燃变革的星火。

作者简介

李欣龙，英国密德萨斯大学营销硕士、厦门大学企业管理博士，曾任资策会产业支援处联谊会项目经理。以个人时间长期参与剧团表演，对于艺术营销具有特别的热爱。